世界五千年
科技故事丛书

卢嘉锡题

世界五千年科技故事丛书

中国铁路之父

詹天佑的故事

丛书主编　管成学　赵骥民

编著　桑秋洁

吉林出版集团｜吉林科学技术出版社

图书在版编目（CIP）数据

中国铁路之父：詹天佑的故事 / 管成学，赵骥民主编.
-- 长春：吉林科学技术出版社，2012.10（2022.1重印）
ISBN 978-7-5384-6143-5

Ⅰ.① 中… Ⅱ.① 管… ② 赵… Ⅲ.① 詹天佑（1861～1919）
一生平事迹一通俗读物 Ⅳ.① K826.16-49

中国版本图书馆CIP数据核字（2012）第156347号

中国铁路之父：詹天佑的故事

主　　编	管成学　赵骥民
出 版 人	宛　霞
选题策划	张瑛琳
责任编辑	张胜利
封面设计	新华智品
制　　版	长春美印图文设计有限公司
开　　本	640mm×960mm　1 / 16
字　　数	100千字
印　　张	7.5
版　　次	2012年10月第1版
印　　次	2022年1月第4次印刷

出　　版	吉林出版集团 吉林科学技术出版社
发　　行	吉林科学技术出版社
地　　址	长春市净月区福祉大路 5788 号
邮　　编	130118

发行部电话 / 传真　0431-81629529　81629530　81629531
　　　　　　　　　　81629532　81629533　81629534

储运部电话　0431-86059116
编辑部电话　0431-81629518
网　　址　www.jlstp.net
印　　刷　北京一鑫印务有限责任公司

书　　号　ISBN 978-7-5384-6143-5
定　　价　33.00元

序　言

十一届全国人大副委员长、中国科学院前院长、两院院士

[签名]

　　放眼21世纪，科学技术将以无法想象的速度迅猛发展，知识经济将全面崛起，国际竞争与合作将出现前所未有的激烈和广泛局面。在严峻的挑战面前，中华民族靠什么屹立于世界民族之林？靠人才，靠德、智、体、能、美全面发展的一代新人。今天的中小学生届时将要肩负起民族强盛的历史使命。为此，我们的知识界、出版界都应责无旁贷地多为他们提供丰富的精神养料。现在，一套大型的向广大青少年传播世界科学技术史知识的科普读物《世

界五千年科技故事丛书》出版面世了。

由中国科学院自然科学研究所、清华大学科技史暨古文献研究所、中国中医研究院医史文献研究所和温州师范学院、吉林省科普作家协会的同志们共同撰写的这套丛书，以世界五千年科学技术史为经，以各时代杰出的科技精英的科技创新活动作纬，勾画了世界科技发展的生动图景。作者着力于科学性与可读性相结合，思想性与趣味性相结合，历史性与时代性相结合，通过故事来讲述科学发现的真实历史条件和科学工作的艰苦性。本书中介绍了科学家们独立思考、敢于怀疑、勇于创新、百折不挠、求真务实的科学精神和他们在工作生活中宝贵的协作、友爱、宽容的人文精神。使青少年读者从科学家的故事中感受科学大师们的智慧、科学的思维方法和实验方法，受到有益的思想启迪。从有关人类重大科技活动的故事中，引起对人类社会发展重大问题的密切关注，全面地理解科学，树立正确的科学观，在知识经济时代理智地对待科学、对待社会、对待人生。阅读这套丛书是对课本的很好补充，是进行素质教育的理想读物。

读史使人明智。在历史的长河中，中华民族曾经创造了灿烂的科技文明，明代以前我国的科技一直处于世界领先地位，涌现出张衡、张仲景、祖冲之、僧一行、沈括、郭守敬、李时珍、徐光启、宋应星这样一批具有世界影响的科学家，而在近现代，中国具有世界级影响的科学家并不多，与我们这个有着13亿人口的泱泱大国并不相称，与世界先进科技水平相比较，在总体上我国的科技水平还存在着较大差距。当今世界各国都把科学技术视为推动社会发展的巨大动力，把培养科技创新人才当做提高创新能力的战略方针。我国也不失时机地确立了科技兴国战略，确立了全面实施素质教育，提高全民素质，培养适应21世纪需要的创新人才的战略决策。党的十六大又提出要形成全民学习、终身学习的学习型社会，形成比较完善的科技和文化创新体系。要全面建设小康社会，加快推进社会主义现代化建设，我们需要一代具有创新精神的人才，需要更多更伟大的科学家和工程技术人才。我真诚地希望这套丛书能激发青少年爱祖国、爱科学的热情，树立起献身科技事业的信念，努力拼搏，勇攀高峰，争当新世纪的优秀科技创新人才。

目 录

幼年生活

1861年4月26日，在广东省南海市一个没落茶商詹兴洪的家里，出生了第一个男孩儿。他就是我国近代最杰出的铁路工程师——詹天佑。

家里添了个男孩儿，使这个家庭充满了喜庆的气氛。特别是詹天佑的爸爸詹兴洪高兴地跑到城里，去给亲朋好友传送这个喜讯。而詹天佑的妈妈陈氏则在家里焚香祈祷上苍保佑这个孩子的成长。夫妻俩给孩子取名为"天佑"，希望上天保佑他长大以后，能重整家业，光宗耀祖。

詹天佑的曾祖父詹文贤，原来是安徽婺源县内一个无名的中医。曾经南下广东从事茶叶买卖。当时广州是中国唯一对外开放的港口，而茶叶又是主要出口商品之一。詹文贤向外商经销茶叶，很快就发了财。詹文贤发财之后，就捐了官，以太学生的头衔炫耀乡里。他的祖父詹世鸾，继承了上辈的事业，全家搬到广州定居了。詹世鸾依附着广州"十三行"的势力，生意也渐渐做大了。詹世鸾为人慷慨，乐善好施。在当地自己出钱建立了文社、学馆，还修盖了会馆。有时，有的外地茶商因买卖赔了本，而无法回家的时候，就向詹世鸾借钱。他解囊相助不下万金。被婺源县志称为"见义勇为"的人。

可是，好景不长，到了詹天佑的父亲詹兴洪这一代，赶上了鸦片战争。第一次鸦片战争中，英国侵略者用大炮轰开了中国的大门，也把长期控制外销贸易的广州官办商行"十三行"轰掉了。那些一向为清朝统治集团服务的"官商"们，看到英国人势力强大，就掉过头来转为英国人服务。他们操纵外销市场，制造混乱，迫使较小的商人有货卖不出价钱来，只好破产。詹世鸾在这时一病身亡。第二次鸦片战争中，英法联合"常胜军"攻入广州，洗劫了十三行的商业区，广州人民为了反抗外国人的无耻行为，放火烧了"十三行"一带的所有洋馆。熊熊燃烧的大火也烧毁了在附近地区的詹家产业。詹家的茶行，和其他很多外销小商人一样，全部破产了。这时，对外贸易的中心也逐渐由广州转向了上海。詹兴洪看到在广州城内度日艰难，便全家迁到南海市乡下，过起半耕半读的田园生活。

詹氏一家全靠詹兴洪种田来养活，生活很困难。詹兴洪曾读过不少诗书，因为家境困难，每逢春节的时候，就写写春联儿，赚点钱来贴补家用。母亲陈氏是一位吃苦耐劳，善于教养子女的妇女。

詹天佑是家里的长子，很得父母的疼爱。父亲把重振家业的希望都寄托在了他的身上。

詹天佑从小就很聪明，他父亲在农闲的时候，常常给他讲有关鸦片战争的故事。当他听到林则徐烧毁英帝国主义运来毒害中国人民的鸦片，并打退英国侵略军时，詹天佑高兴得拍着小手跳了起来。当他听到清朝政府把林则徐革职，英国侵略者乘机侵入广州的时候，他便气得握紧拳头，像要打架的样子。他常常问父亲："中国人为什么打不过外国人？"可是，父亲也不明白这是由于清朝政府的腐败，不敢组织全国人民坚决抵抗的结果，只是听别人说过，外国人打仗使用洋枪大炮，中国没有，所以只能说是外国人的枪炮厉害。詹天佑又问父亲："为什么中国没有洋枪大炮？"但是，为什么中国制不出洋枪大炮等更深的道理，父亲也说不清楚。詹天佑自幼对英帝国主义和清政府就产生了仇恨，对民族英雄林则徐非常崇拜。

为了培养、教育自己的儿子成人，在詹天佑7岁的时候，父亲便想方设法地把他送到南海市的一所私塾里去念书。

詹天佑对他所读的四书、五经和八股文章，都不感兴趣。他和小朋友在一起玩，常常喜欢弄一些机器零件。詹天佑上学的路上有洋厂，厂里有单轮飞转的洋机器。詹天佑每次走到这里，都要站一会儿，他对那机器，心里充满了好奇和热爱。他想看看那机器是怎么转的，零件是怎样制成的。在詹天佑的衣袋里，常常装着他收集的机器零件和小齿轮。他把这些东西视为珍宝。有一次，他弄来了许多泥土，自己玩着用泥土作机器模型的游戏，聚精会神的竟忘了吃饭，害得母亲到处找。

还有一次，詹天佑把家里的自鸣钟从墙上摘下来，偷偷地琢磨起来。他觉得很奇怪：自鸣钟为什么到钟点会自己响？清脆悦耳的报时声是从哪来的？为什么指针会走动？里面装的都是什么？什么形状的？他百思不得其解。于是，他把自鸣钟搬到另一个房间里，关上门，背着父母把自鸣钟打开了，想看看里面到底是什么东西。看完以后，他努力地按照原样把钟装好。由于有两个小零件怎么也安不到原来的位置了。结果，自鸣钟就不响了。詹天佑的父亲回来后，看到儿子把自鸣钟弄坏了，并没有责备他。第二天，他领着詹天佑一起进城，找钟表匠修理，并让儿子在一旁看那两个零件是怎么安上去的。

詹兴洪有个安徽老乡，名叫谭伯林，是詹兴洪经商时的好友。后来詹兴洪移居到南海乡下，他却往来于香港和广州之间，生意经营的还不错，由于经商的便利，他经常来到詹家，他非常喜欢詹天佑，每次来都带些新式画报送给小天佑看。这些新式画报介绍了西方文化和生活，引起了詹天佑的极大兴趣。谭伯林常常对詹兴洪说："天佑这孩子聪明、坚毅，将来一定会有成就。"谭家比詹家富裕，因此常常接济詹家。

1871年，也就是詹天佑11岁那年，发生了一件对他一生起着决定性影响的事，那就是清政府决定派遣幼童官费出国，学习科学技术，并在香港招考赴美幼童。

第二次鸦片战争中，清政府在几次对外战争中，被洋人的枪炮打得落花流水。因此，清朝统治集团中的一些人深感中国在军事上的落后，实难抵挡西方列强的洋枪洋炮。清朝统治者也想自己造枪炮，加强自己的实力，维护自己的统治。但是造枪炮要用机器，要懂得科学技术，于是，清朝统治者决定派遣幼童到美国留学。学习西洋的科学技术，将来回来为他们统治阶级服务。

向外派遣留学生一事是由早期的改良主义者容闳最早发起的。

容闳1828年生于广东省香山县的南屏乡。1839年入美国人办的澳门莫孔逊学校读书。1850年夏入美国耶鲁大学学习，1854年获得文学士学位。成为有史以来在美国第一流大学毕业的第一位中国学生。

1855年，容闳回到广东，他看到清政府的腐败和落后，积极主张学习西方的科学文化，改造中国。1871年春，清政府在上海设立幼童出洋肄业局。办理招收赴美留学生事务。并委派陈兰彬为驻洋正委员，容闳为副委员。第一批出洋学生规定为30名，在上海招生时，报考的幼童很少，招不足30名。这样，容闳又亲赴香港，想在香港政府所设立的学校中挑选聪颖而又对中西文化略有根底的学生。

谭伯林在香港听到招考的消息以后，立即赶回南海。将这消息告诉了詹兴洪夫妇："朝廷委派一批幼童去美国留学，在上海没有招够，那些世家大族的子弟没有一个报名的，他们还没看到这步好棋呢！给天佑报个名吧，15年后回来，可就是洋翰林了……一辈子的金饭碗哪。"

詹兴洪夫妇没有同意。他们说："他们大家子弟舍不得往外送，我们就舍得吗？再说，这留洋外国究竟是福是祸，准拿得准呀！"

"自然是好事了！"谭伯林急了："我看准了，一定要给天佑报上名……"

詹兴洪夫妇还是迟疑不决。一直到谭伯林愿意把自己的女儿和詹天佑配亲时，才算决定下来。谭伯林就到香港给詹天佑报了名，并注明学"技艺"。詹天佑十分聪明，他到香港一考便考中了。于是，詹兴洪只得含泪为他准备行装，他舍不得詹天佑，但又希望他能成为一个有本领的人。

1872年4月，詹天佑辞别了父母、弟妹和未来的岳父母，随容闳从香港乘船到了上海。在上海的"预备学堂"学了4个月的英文，同年8月11日，詹天佑和其他39名第一批赴美留学生幼童由陈兰彬率领，乘船离开上海前往美国。

赴美留学

　　1872年8月11日，包括詹天佑在内的第一批赴美留学幼童，从上海乘船去美国。轮船走出长江口以后，除了偶尔看到几条渔船之外，便是无边无际的海洋。第一站到达日本横滨。在横滨换乘了海轮，横渡太平洋。从前只是在画报上见过的轮船，这次亲自坐上了，詹天佑感到非常高兴。他和小伙伴儿们一起，站在甲板上眺望着浩瀚的大海，海水拍打着船舷，激起朵朵浪花飞溅，他们快活极了。在船上，他们还听到了许许多多的新鲜事。有一天，詹天佑听轮船上的人说："东经180°这条线叫做'国际更换日期线'。"由西向东行驶的轮船经过这里，需要多加一天。而从东向西行驶的轮船经过这里，则需要减一天。詹天佑听了觉得很奇妙。这些新奇的事物，在他幼小的心里都打上了一个个的问号。经过3个多月的海上漂泊，终于到达了美国旧金山。从旧金山改乘火车，经过华盛顿到达纽约，再由纽约到达斯普林菲尔德。

早在詹天佑等幼童留学启程出国之前，容闳就先行启程到了美国。与当时耶鲁大学校长波特和康涅狄格州教育署长罗索布商量中国留学生的就学及居住等问题。罗索布建议把来美国幼童分成若干组，每两三人为一组，寄居在美国人家庭之中，这样可以迅速学好英语。接待中国幼童留学生食宿的都是一些有文化教养的美国教师、医生或牧师家庭。这些人家对分配给他们的三两个"中国"幼童，都能够给予热心的照料，渐渐地，这些中国幼童思家的心情冲淡了。他们与美国小朋友一起做功课，一起做游戏，在互相熟悉之中，中国幼童留学生的英语进步很快。

詹天佑住下来后，首先是学习英语。只有学好英语，才能进美国学校直接听课，詹天佑学习英语，进步非常快。到1873年末，他已经能够直接听课了。这样，他被送进了西海文小学的海滨男生学校去学习。这是一所私人办的预备性质的学校。主要任务是训练从中国和南美洲等国家来美国留学的幼童，主要课程是学习英语和了解美国的风俗和社会知识。

海滨男生学校的学习生活很顺利，很轻松。课余，按着排定的班次，定期到设于赫德福特城里克林街的中国留学生事务所去学习中文传统课程。这里的生活给詹天佑留下了深刻的印象。

1875年5月，詹天佑以优异的成绩考取了纽海文的山房高级中学。在这里，他接触了物理、化学、数学等学科。通过这些学科的学习，使他懂得了火车、轮船为什么能走，齿轮、发条在机器中起什么作用。为什么由西向东行驶的轮船经过东经180°的时候要多加一天。而由东向西行驶的轮船经过东经180°的时候要减少一天。从前心中的许多问号在这里找到了答案。他对自然科学产生了浓厚的兴趣。尤其是数学。1876年詹天佑为全班考试成绩第二名。一个中国学生通过英语进行学习，成绩居然超过了他同班的美国同学，这件事引起了老师的震惊和赞誉。有一位教师罗索布夫人是最受詹天佑尊敬和爱戴的。她经常鼓励詹天佑努力学习科学，将来做一个科学家。于是他开始系统地学习一些科学基础知识，对于自然科学的实验和采集，他特别感兴趣。1878年，在高中最后一个学期，期终考试取得了全班第一名。最后以全班第一、全校第二的优异成绩读完了高中课程。

詹天佑不仅学习刻苦努力，对于锻炼身体也十分重视。中国人常常被西方报纸称为"东亚病夫"，这使他很受刺激。他立志要洗去这个耻辱的称号，在课余的时候，他坚持不懈地锻炼身体。他喜欢参加游泳、滑冰、钓鱼、打球等各种体育活动。他特别喜欢打棒球，而且打得很好。留学生在哈特福特城组织了一个"东方人"棒球队，他是其中的队员之一。这个球队曾经同旧金山附近橡地的一个半职业球队进行过一场表演赛，詹天佑高超的球艺使美国人感到惊讶。他说："要学好功课，非锻炼身体不可。不洗去'东亚病夫'的耻辱，什么都谈不上。"詹天佑幼年因为家境不好，生活很苦，身体本来不是很好。自从他注意体育锻炼以后，身体变得非常强壮。

每逢暑假和寒假，容闳常常带着他所喜欢的一些孩子到美国中西部去旅行。詹天佑感到收获很大。除了看到美国各地工业和农业生产的情况外，还看到了一些政治活动。像城市广场上政客的演讲，英格兰式的报纸、六栏标题的攻击性词句，这些资产阶级的所谓民主制度，给他留下了深刻的印象。

詹天佑在美国中小学求学的几年中，亲身体会到由于祖国贫穷落后，老打败仗。国际地位日益低落，到处受人轻视。因此，他迫切地希望能改变当时中国落后的经济状况。他认为，要想使中国富强起来，首先要学习西方资本主义国家的自然科学知识、生产技术和经济制度，所以，当他中学毕业之后，在教师罗索布夫人和容闳的支持下，接着考上了耶鲁大学的雪菲尔理工学院学习。学院的入学资格考试是很严格的，每一名入学新生必须通过各种考试，其中包括英文、地理、拉丁文、代数、几何、三角及英国历史，学制为3年，詹天佑读的是土木工程系，学习铁路工程科。

在耶鲁大学学习期间，詹天佑的学习成绩非常好，特别是数学科。在大学一、二年级，他两次获得数学科的奖学金。

詹天佑留美的时候，正是美国在电机、通讯工业等方面有重大突破的时期，1876年拜耳发明了电话，1878年，爱迪生发明了留声机，并亲自在白宫作示范表演，放留声机给美国总统海斯听。1879年，爱迪生又发明了电灯，第二年白宫开始装设电灯、电话。为了展示美国经济发展的成就，在美国建国100周年时（1876），在费城举办了百年博览会。这次博览会全部展出面积有115公顷，主要展出品有蒸汽机、电话、电梯、印刷机及枪炮等。西方旅客铁路公司还在场内修筑了4.8千米长的铁路，用朱庇特440式的机车拖着车厢，供观众乘坐。这些机电产品在当时都是先进的科学技术成果。1876年8月，容闳带着留美中国学生参观了这个庞大的博览会，西方高度的物质文明对詹天佑产生了极大的吸引力，增强了他学好科学技术，振兴祖国的决心。

这时国内已经有一些见识远大的人主张修造铁路以图富强了。詹天佑置身美国，目睹美洲中央大铁路使东西物资交通畅通，人们来往方便，他更深信修铁路是使国富民强的重要产业了。他努力学习，准备回国后为祖国效力。

在耶鲁大学学习的3年中，詹天佑刻苦学习，学习成绩非常好，在毕业考试中，他得了第一名。为了准备毕业论文，他从1880年就大量收集资料，进行实地调查，经过半年多的努力，终于写成了颇有价值的题为《码头起重机的研究》的论文。获得学士学位，1881年詹天佑于耶鲁大学毕业。

詹天佑在大学期间，除了努力学习外，在课余时间还阅读了欧洲文艺复兴时期的反宗教的优秀作家——卜珈丘的代表作《十日谈》等，又广泛地阅读了英国伟大的戏剧大师——莎士比亚的作品、美国的民主主义作家马克·吐温的作品，他对马克·吐温的作品特别喜欢，这些作品都对詹天佑的思想有一定的影响。

容闳觉得詹天佑的确是一个钻研科学的学生，一次，他偷偷告诉詹天佑说："我替你找一个机会，使你到美国军事学校去研究，你可以在美国多留一个时期，多学一些东西。"有时他还说："我希望你作中国的伊藤博文，美国人提起亚洲人物来，就是伊藤博文，中国也要有中国的伊藤博文。"

就在詹天佑大学毕业的这一年，清朝政府下令将留美学生事务所撤销，留学生一律调回国内。

早在19世纪60年代开始，在清政府统治集团内部就分为两派——洋务派和顽固派。顽固派坚持闭关锁国，坚持传统的封建主义文化，反对向西方学习，向国外派遣留学生。洋务派则主张学习西方先进的科学技术，洋枪洋炮，来巩固清朝政府的统治，向外派遣留学生是洋务派贯彻他们主张的措施之一。

但是，洋务派向国外派出留学生，主要目的是要他们学习外国的科学技术，回国后为洋务企事业服务，以巩固清朝封建统治。而不是学习西方资产阶级的民主政治制度和民主政治思想。因此，洋务派任命顽固派陈兰彬为出洋肄业局正委员既是为了减少顽固派的阻力，也是为了防止幼童出国后，接受西方资产阶级的民主思想。所以对赴美留学的幼童设置了种种清规戒律。什么在指定的时间内，必须一齐遥向清朝皇帝叩头。随派美国的中文教员，定期向学生讲授"孝经"、"小学"、"五经"及《国朝律例》等书。学生的生活、穿戴仍同国内一样，脑后有长辫，身穿长袍，脚套布靴，举止行为不得"轻飘"，一个个都得像小老头一样。但时间一长，这些幼童无论是在思想上，还是在生活上，都受到美国教育和社会的影响。初到美国时，幼童们仍然留长辫子，穿大褂长袍，美国小朋友第一次见到他们，分不清他们是男是女，美国小朋友同他们开玩笑，称他们是中国女孩子。他们自己也感到长辫子挂在脑后很不方便，有些幼童就偷偷地剪掉了长辫。有的学生看到美国学生在运动场上打球跑步进行各种体育锻炼，非常感兴趣，也脱掉长袍，到运动场上玩起来，有时，他们和住在一起的美国人一起上教堂、做礼拜。留学生的这些变化，使陈兰彬十分生气，认为是大逆不道。他把这些学生招来严加训斥，他坚决反对学生参加体育锻炼。认为一个文人脱去长袍穿着短裤在外奔跑，简直是不成体统。他责令剪去长辫子的学生遥向北京下跪请罪，重新留发。对于胆敢改穿西装或上教堂的学生，则视为叛逆。1875年陈兰彬请假回国，向清朝总理衙门报告了这些情况。

1876年，陈兰彬以新任驻美全权公使的身份前往美国。吴子登担任留美学生事务所正监督。吴子登也是顽固守旧派，又是陈兰彬的心腹。他到任以后，就不断地向清朝政府夸大事实地进行指控。指责容闳纵容和迁就留学生，让他们少读书，多游戏。模仿美国学生参加体育运动，对中国教师不尊敬。不肯下跪、叩头等等。吴子登断定长此下去，这批留学生纵然能学成归国，非但无益于国家，并且有害于社会。为此，吴子登最后向清政府提出：为了国家利益，必须从速遣返全部留学生，结束留美学生事务所。

同时，留美学生在美国也受到排斥。1881年，容闳向美国国务院提出申请，要求输送几名优秀学生进入美国军事院校学习，不断遭到拒绝。回复为"美国军事学校对中国学生一概不接纳"。这是美国政府对中国极为轻视和不友好的决定。

此时，美国又发生了反对华工、宣传种族歧视的舆论。

于是吴子登趁此机会，竭力要把留美学生事务所解散。他通过陈兰彬向总理衙门上奏折，要求遣返所有留学生，取消留美学生事务所，在这种情况下，当时总理各国事务衙门大臣恭亲王奕䜣同意，经慈禧太后批准，1887年下令将留美学生事务所撤销，留美学生一律调回国内。

　　清政府的命令到达美国后，容闳遵旨分3批把留美学生遣送回国，这些学生，有33名正在中学读书，60名在大学读书，大学毕业的只有两名，一个是詹天佑，一个是欧阳庚，都是从耶鲁大学毕业的。

岁月蹉跎

　　第一批中国留美学生在1881年回到了阔别9年的祖国。在轮船快到上海的时候，他们幻想着热烈的欢迎在等待着他们，亲朋好友和祖国伸出的温暖的手臂将拥抱他们，他们期待着，然而当轮船靠近码头时，这一切都成为了泡影。上船来迎接他们的是管理留学生信件的刘先生，没有一位亲友来迎接他们。他们下船穿过惊讶和嘲笑的人群，到了海关道台衙门。首先是点名，之后给他们吃了一顿很简单的晚饭，便被一队水兵押送到上海道台衙门后面的格致书院。当时，正是中秋佳节，许多家长、朋友、亲戚都准备好了酒菜，等待着他们远渡重洋而归的亲人团聚。但是他们却接到通知：不准外出。他们被禁闭了4天之后，被上海的最高官员召见，被允许每天上午10点到下午4点可以在住处自由外出。

这时候，黄浦江边，洋楼高耸，租界地区车水马龙，上海滩已经成为外国侵略者在中国进行侵略活动的主要基地。中国人民反对外国侵略的斗争，虽然从没停止过，但是外国侵略者瓜分中国的野心，却越来越大。

不久，他们乘坐了刚刚才开辟一年的北洋航线上的招商轮船，从上海转到天津的北洋大臣衙门报到听候安排。

在北上的途中，这些留美学生似乎感觉到有一线希望，因为他们觉得不像吴子登说的那样，要把他们押送回籍看管起来，反而像是让他们参加洋务工作的样子。

到了天津，李鸿章亲自接见了回国的留学生。他们穿起袍褂，戴上假辫，显得很不自然。而詹天佑当时连假辫子也不肯戴，更使清朝官员看了不舒服。因此李鸿章一见他们就骂："离经叛道，无父无君！"接见之后，李鸿章叫他们听候分派。同学中有趋炎附势的，都各自找门路，送礼物。而詹天佑却不肯低声下气，奔走权门。陈兰彬曾提出安排回国留学生工作的原则：优等生分派到政府衙门充当翻译，学习做官的本领，以备日后录用为官；次等生则分配到天津、上海各处机器局和水雷局等部门，"专习一艺"。詹天佑虽然获得了耶鲁大学学士学位，但是，在陈兰彬等人看来，却不是优等生，不是做官的材料。等到分发的榜示张贴出来，詹天佑名列榜后，由上海海关道刘瑞芬送往福州船政局水师学堂学习海船驾驶，由土木工程的大学毕业生转学海船驾驶，学非所用，这对詹天佑这个立志报国的青年来说，显然是一个严重的打击，他不禁在榜前潸然泪下。但是，詹天佑并没有因此灰心。1881年10月，詹天佑和其他15名同学抵达福州报到。

福州船政局是湘系军阀左宗棠洋务的一部分，规模很大，所有设备都是早在1866年由他的亲信大买办胡雪岩向法国买来的。局内设有铸造铁、打铁、模子、水缸兼打铜、修造、造船等14个厂，附设前后学堂6所，规模相当大。

总理船政大臣黎兆棠"赏给"他五品顶戴，派在水师学堂学习驾驶。詹天佑接受了这个学习任务，在一个名叫泰勒的外国人手下学习，詹天佑在学习中非常虚心和努力，毫不以自己有专长而自高自大。第二年6月，他以一等第一名在水师学堂毕了业。分配到福建水师的旗舰"扬武"号军舰上做驾驶官，指挥操练。

1884年，法国侵略者侵略越南和中国，爆发了中法战争。法国东洋舰队司令孤拔，率领军舰13艘攻毁台湾基隆炮台，但法军想在台湾登陆，却被中国驻守台湾的陆军击退，于是孤拔改变计划，率领军舰侵入马尾港。

在中法战争一触即发的时候，指挥水师的何如璋和张佩纶，胆小如鼠，幻想着清政府和法国的和议能成功，坐视法国军舰开入马尾，下令不准开炮，各舰战备很差。詹天佑看到这种情况，爱国心切，不顾驾驶官不得过问作战计划与舰队行动的军法，暗中对"扬武"号军舰的指挥官张成说："法国兵舰来得很多，居心难测。虽然说我们奉到命令不准先开火，但是我们决不能不预先防备。否则法国军舰一开炮，我们将要全军覆没。"张成接受了詹天佑的建议，暗中命令"扬武"号军舰的官兵随时准备应战。等到法国海军正式通知何如璋定期开战，何如璋还是秘而不宣。结果法舰大炮齐发，中国军舰才匆匆忙忙起锚应战，伤亡惨重。有的军舰还没等起锚便被击沉了。而张佩纶和何如璋听到炮声，就从后山小路逃跑了。

"扬武"号由于早有准备，听见炮声，詹天佑立刻对指挥官张成说："开足马力，冲入有效射程内轰击。"詹天佑坚定而有力的语气，不容张成犹豫，马上驶出港口开炮应战。因为"扬武"号是旗舰，法军按照他们侦察到的旗舰最高速度，瞄准射击"扬武"号。没料到，"扬武"号在驾驶官詹天佑的指挥下，开得比规定的最高速度快得多，法军炮弹一颗颗落在水里，涌起了一道道冲天水柱，扬武号的快速进攻，给了法国军舰很大的打击。那时，"扬武"号军舰部分中炮后已成一片火海，海上形势十分危急。詹天佑沉着地站在驾驶台上亲自操纵，和射击密切配合，"扬武"号上的爱国战士奋不顾身杀出重围，在海上与敌舰激战了5小时零3刻钟。最后，法国军舰暗放水雷，打中"扬武"号的船底，大舱进水，船身倾斜，指挥官张成下令离船。詹天佑跃入水中，又救起落水官兵多人后，才游上岸。对于詹天佑的突出表现，上海英商《字林西报》给予了报道："这次中法海战，约经五小时三刻钟。西方人士料不到中国人这样勇敢力战，'扬武'号军舰上的学生五人中以詹天佑的表现最为动人。他临大战而毫无畏惧，并且在生死存亡的紧要关头上，还能镇定如常，鼓其余勇由水中救起多人。"

中法战争后，詹天佑曾在福州船政局后学堂任过短时间的教习。船政局前后学堂是福州船政局为培养军地学生而设立的，詹天佑在那里教授英文和驾驶等课程。

这时，洋务派的两广总督张之洞雄心勃勃想要干一番洋务事业。他在广州成立了博学馆，以培养新式人才。他听说詹天佑精通英语和西学，又很有抱负，就南调詹天佑，聘请他在广州博学馆内任英文教习。博学馆是1884年张之洞就实学馆原址改为培养洋务人才的学校。张之洞约詹天佑南来，不只是为了让他教书，更重要的是想请詹天佑测绘中国沿海形势图，以便另建一支海军，与北洋水师抗衡。用西洋测绘的方法来测绘中国沿海形势，这在当时还是一个创举。1886年，张之洞把这个重要任务交给了詹天佑。

中国当时有4支海上舰队，其中的福建水师已经覆灭，如果不努力加强粤洋水师的建设，就不能防御帝国主义从南海进行的侵略。詹天佑感到这次测绘意义重大，于是他迎着风浪，使用西方科学方法精心测绘。

　　1886年詹天佑在广东沿海测绘海图，在很多地方都遇到外国传教士在鬼鬼祟祟地偷测我国的海岸。当地的人说，这些洋人已经在这里测绘多年了。一年以后，他制出了一套详细周密的广东"沿海险要图"，张之洞非常满意。1887年，张之洞把博学馆改为广东水陆师学堂。水师学堂学英文、分管轮船与驾驶两科，陆师学堂则学德语，分马步、枪炮、营造三科。詹天佑完成测绘海图的任务后，继续到水师学堂去任英文教师。1888年，詹天佑接到留美同学邝孙谋自天津来信，问他愿不愿意北上担任中国铁路公司的工程师。他本来是学铁路工程的，现在有机会让他干本行工作，他喜出望外，于是他决定辞职北上。

中国铁路艰难起步

　　早在1863年9月2日，侨居在上海的英美商人联名请清江苏巡抚李鸿章，要求修筑上海与苏州之间86千米的铁路。李鸿章没有同意。

　　1864年，英国铁路专家司蒂文生由印度来到中国，起草了《中国铁路网计划草案》交给清政府。这项计划包括四大干线、两条支线。干线以汉口为中心，东达上海、西经四川、云南达印度。南经湖南通广州。北由镇江经天津至北京。成为东西南北四大干线，其支线为上海至宁波和苏州至福州，干线与支线合成贯穿全国重要省份的铁路网。但是当时，清政府中的顽固派以"凿我山川，害我田庐，碍我风水，占我商民生计"为由予以驳斥，清政府拒绝批准。

1865年8月，英国商人杜兰德在北京宣武门外修造一条0.5千米多长的小铁路，试行小火车，清政府得知后，立即派步兵统领拆毁。

1867年，英国公使乘修订《中英通商条约》的机会，正式向清政府总理衙门提出在中国境内修筑铁路的要求。清朝政府下令通商口岸的将军、督抚就洋人提出的修铁路一事，提出自己的意见。结果反对者居多，这时已经担任湖广总督的李鸿章也反对修筑铁路。

1874年，英商怡和公司没征得清朝政府的同意，擅自修筑淞沪铁路。铁路通车一个多月，清朝政府中的顽固派认为这是祖宗所没有的怪物。清政府派盛宣怀以火车轧死中国一名士兵为由提出交涉。结果，清政府用28万两白银收回铁路并拆毁，将全部铁轨车辆运往台湾，丢到打狗湖中。

1874年，在美国的支持下，日本发兵侵略了我国领土"台湾"。10月31日，李鸿章与日本公使订立了《北京专约》。《专约》规定：日本侵略军撤出"台湾"，清政府须给日本侵略军军费白银50万两。这件事对清朝政府是一个很大的刺激。在清政府内部发生了一场如何加强"海防"的讨论。李鸿章转变了看法，从军事需要出发，主张兴办铁路了。这年12月14日，李鸿章向清朝总理衙门大臣恭亲王奕䜣呈交了《筹议海防折》，其中提出了要兴建铁路。

1877年，出使英国的大臣郭嵩焘致书李鸿章，指出要想救国，最重要的是建筑铁路。

1878年，薛福成撰写了《创开中国铁路议》具体地提出了建设铁路的计划。

1880年，前直隶总督刘铭传奏请兴修以京师为中心的南北三大干线。

1881年，左宗棠奏请速修清江浦至通州的铁路。

然而，清政府中的顽固派竭力反对修建铁路，他们把铁路看成是"破坏风水"的怪物，因此洋务派修筑铁路的计划受到阻挠。

1878年，轮船招商局总办唐廷枢以轮船与海军都以烟煤为命脉，派人到河北开平一带勘探烟煤矿区情况。经英国化学工程师巴斯赖、礼戴尔化验后，认为铁无磷酸，煤无硫黄。虽不能与英国最高的煤铁相比，但成色属相仿。并且由直隶总督李鸿章聘请了一批英国工程师从事开采。由前怡和洋行买办唐廷枢为主，和任廷芳、杨洪兴一起开办三义公司，后改为开平矿务局，1878年出煤后，矿苗很旺。为了供应海军及轮船用煤，因此，唐廷枢请直隶总督李鸿章批准，由开平矿务局出钱，从唐山起至胥各庄止，建一铁路，以便运煤。李鸿章同意了，并给皇太后上了奏折。慈禧皇太后也同意建筑这样一条约长40千米的小铁路。于是，矿务局着手筹备，并委派矿务局英国工程师金达负责。可是，顽固派们认为这段铁路线靠近东陵，铁路建成之后，行驶机车，轰隆隆的声音会惊动老祖宗。因而跳出来反对。皇太后收回了成命，开平煤矿矿务局了解到这个情况后便声明：铁路建成后，不行驶机车，用骡马拖载。这样才得到了批准。1881年6月9日，这段铁路开工修筑，由英国人巴勒脱任总工程师，同年12月工程完成。

由骡马拖列车，在我们今天看来是一个天大的笑话。但是，在当时中国铁路冲破了顽固派的阻力，总算是迈开了第一步。通车以后，运输量很小。1882年，金达利用开矿机器的废旧锅炉，改装成一辆小机车，并命名为"中国火箭号"能牵引100多吨货物。但是，就是这样的一辆小机车，也遭到了顽固派的反对。他们向皇太后报告说："机车直驶，震动东陵，且喷出黑烟，有伤禾稼。"皇太后便勒令机车停驶。由于他们不断地向清政府请求，后来才准使用机车来拖火车行驶。

中日甲午战争后，清政府的腐朽昏庸已完全暴露出来，这对顽固派是一个打击，对兴办新式工业是一个促进。这样，兴办铁路的阻力减小了。

1885年，英国人金达向直隶总督李鸿章提出扩展唐胥铁路到芦台的建议。这一建议李鸿章很高兴地接纳了。因为他认为，这样开平矿务局开采的煤就可以向外倾销了，并可以借给北洋舰队以燃料，也可以扩展他的北洋水师。

1885年秋，李鸿章想试办大沽至天津间120千米的小铁路，因集资困难没有修成。1886年，唐胥铁路延长修到芦台。开平矿务局分设了开平铁路公司，官商合办，推伍廷芳为总经理，唐廷枢为经理。开平铁路公司脱离了开平矿务局，并从矿务局那里收买唐胥铁路归铁路公司所有。并向西展修。中国有了修筑铁路的历史。但是，当时中国修筑的铁路，大都是借用外国人的钱修筑的，所以，铁路公司的实权掌握在外国人手中。

当时，天津的有些商人提出，中国铁路与其让洋人修，不如由中国人自己修。与其官府修，不如由老百姓来修。李鸿章对此观点表示怀疑。他说：中国商人根本筹不到那么多钱修铁路。修铁路如果没有一两个洋匠熟手，恐怕既浪费又不牢固。他认为修铁路一个外国人也不用，那铁路是修不成的。他认为中国人根本就不能自己修铁路。1886年3月，唐胥铁路延修到了芦台，接着又向塘沽天津展修。1887年，在李鸿章的提议下，开平铁路公司由官商合办改为"官督商办"的中国铁路公司。他们不顾人民的反对，向英国汇丰银行借款100万两白银，因此，这个公司实际上被英国商人的势力控制了。

当这条新的铁路向塘沽修筑的时候，清政府中的亲德派联芳和荫昌请来德国工程师鲍尔。由于英德两国的矛盾，鲍尔和英国工程师金达经常发生争吵。实际上，这是英德两国商人在争夺公司控制权上的矛盾，二人争持不下。这时，金达看中了在开平矿务局每月拿20两银子薪水的一直管了8年库房的美国留学生邝孙谋，要他出来和鲍尔对抗，邝孙谋认为必须有一个十分懂技术的工程师才能胜任，自己不懂铁路技术，要修铁路，还是自己的同学詹天佑更为合适。中国铁路公司的经理伍廷芳，也是留美的学生，他听说詹天佑是美国耶鲁大学铁路工程专业毕业生，当下就决定聘用詹天佑。这样，詹天佑被任命为工程师，也就是助理工程师，作为英国工程师金达的助手，开始了他投身祖国铁路建设事业的生涯。

为修中国铁路埋头苦干

詹天佑一进入铁路公司，就负责主持塘沽天津段的铺轨工程。他看到鲍尔和金达之间的矛盾，不愿意留在天津卷进这些纠纷之中。于是，亲自下到工地，和工人们一起工作。在80天内，指挥完成了塘沽到天津间的铺轨工程。1888年9月5日，唐山天津全线通车。李鸿章亲自主持通车典礼。当李鸿章坐上唐津线行驶的火车后，他高兴地说："这比坐马车要舒服多了，既平稳又快。"火车到站以后，李鸿章发表讲话："铁路'平稳坚实',桥梁车线均属合法。计程130千米,只走了三个小时。快到轮船所不及。"他称赞金达工程师设计得法,表扬了金达的成绩,并提升金达为总工程师。詹天佑在铁路上的初步成绩,就这样被金达窃夺了。邝孙谋对金达隐吞詹天佑的工作愤愤不平,想要找李鸿章说个清楚。詹天佑反来安慰邝孙谋说:"算了,广东有个陈宝禧工程师,他为地方上做了很多事业,也不为人所知。我们为中国铁路,也应该争取多修路,不必争功。"

1888年11月,李鸿章决定延修唐津路线,向西至通州,东至山海关。提出了关内外铁路计划,第二年春天,中国铁路公司着手勘测天津至通州的路线,准备动工。金达带了一批技术人员勘测天津至通州的线路。他怕詹天佑出人头地,有意加以压制,不让他去勘测天津至通州的线路。留詹天佑在天津做室内工作,他留在天津时,却和一般坐在办公室中夸夸其谈的高级职员迥然不同。他利用这段时间埋头研究工程书籍以提高技术水平,还热心地指导青年人钻研技术。中国第一个火车司机张嘉就是在詹天佑培养下掌握了技术，后来成为工程师的。

清朝政府中的顽固派，原来曾竭力反对将铁路延筑至关外，怕破坏了"龙兴之地"的风水。到1890年，由于俄国帝国主义势力不断伸向东北，清政府感到"祖宗坟墓"已受到威胁。清政府从巩固东北的统治出发，决定把关内铁路延长至沈阳和吉林。另由沈阳造支线到达牛庄、营口，共计1161.5千米。李鸿章所拟呈的路线和拨款计划都得到了清朝政府的批准。于是就在山海关设立北洋官铁路局，从古冶向滦州赶修。并派金达做总工程师。中国铁路公司由商办改为官办。

1891年，詹天佑接受了新任务。督修从古冶到滦河这段铁路。由于他工作认真负责，职务由助理工程师提升为分段工程师和总段工程师。

1892年，铺路工程接近滦河，但滦河大桥却还没有打好一个桩。滦河铁路大桥工程是一笔大有油水可赚的生意。开始，总工程师金达把工程包给了要价很低的日本工程师，结果，日本工程师无能为力。金达又把工程包给英国人喀克斯。滦河河床泥沙很深，又遇到水流湍急。喀克斯钻探马虎，打桩遇到了很大的困难。以世界上第一流施工技术自居的英国人在滦河大桥工程上失败了。后来金达又把工程包给了德国工程师。德国工程师凭着主观的想法，采用空气打桩法，结果又失败了。眼看交工的期限就要到了，金达急得没有办法，才授意喀克斯找詹天佑来试一试。在喀克斯眼里，从来就没有詹天佑这个工程师，但是在外国工程师都完不成任务的情况下，只好请詹天佑来试一试，詹天佑很有信心，他想自己一定能够修好日、英、德工程师不能完成的滦河大桥。他对施工过程中的每一个细节都非常重视，詹天佑分析了外国工程师采用过的各种失败了的打桩方法，仔细地研究了滦河河床的地质土壤情况。经过在工地上反复测试和大量的调查，他决定改变桥址。然后雇用当地精通水性的"水鬼"潜入水下，实行压气沉箱法配合机器打桩，他自己也穿着工人服装和工人一起在工地上紧张地工作，他虚心地接受工人们提出的意见，在工作中，表现出了认真负责和按科学办事的精神。当他发现工程人员在蓝图上有错误的时候，立即严格地指出来，让他们修改。外国的工程师们都用怀疑的目光注视着工程的进行，但是这位相信科学、相信群众的科学家，终于顺利地奠定了坚固的桥基，使外国工程师大吃一惊。

滦河大桥如期竣工，全长660米的钢铁大桥屹立于滚滚滦河之上，这一次显示了詹天佑渊博的学识，高超的才干及大胆革新和实事求是的科学态度，建桥墩所用的压气沉箱打桩法，在我国为首次采用。

滦河大桥的建成，使外国工程师对詹天佑也刮目相看了，更使詹天佑自己和他的助手们坚定了以后担负更艰苦工程的信心。1894年，在国际上颇具权威的英国工程师研究会正式选举詹天佑为会员，高度评价了他的创造性工作，这是我国工程师被选入该会的第一人，詹天佑为祖国争得了荣誉。

1894年，关内铁路完成，开始修建关外铁路。詹天佑在建筑关外铁路时，工作非常努力。工程师张美后来回忆说："我跟詹工程师钉道，西钉到落岱，东钉到营口，北钉到高山子。九滦河、小滦河、女儿河这些桥梁都是他修的。"铁路修到绥中县中复所东站的时候，甲午战争爆发了，李鸿章的北洋水师被日本军舰打得七零八落，清朝政府同日本签订了丧权辱国的卖国条约《马关条约》，关内外铁路工程在战争时期间全部停顿下来，存放在旅顺口的北洋官铁路局从外国新买的钢轨6 000吨，被日本侵略军抢劫一空。铁路遭到破坏，詹天佑感到非常痛心。他坐着压道车，巡行各地，探望这条西起落岱，东至营口，北至高山子的铁路线。他关心着滦河大桥和九滦河、女儿河、小滦河等桥梁。他关心铁路工程，就像关心自己的儿女一样。

1888年，津沽铁路修成后，津沽铁路股商、奕譞、李鸿章等就奏请接造天津到通州的铁路，津沽铁路股商在请求接造津通铁路给总理海军衙门的禀文中提出了修建这条铁路的各项利益。并且说：如果海军

衙门向皇太后保举接造天津通州铁路成功，我们股商
愿在应得股息内先提1/10，捐助海军军需以为报答。
当时主持海军衙门的是奕譞和李鸿章，对股商的建议
李鸿章欣然接受，他对奕譞说：在我看来，修建天津
至通州的铁路是势在必行，无论是对国家，还是对百
姓都是一件好事。于是海军衙门给皇太后上了一封赞
同接造的报告。

　　但是，这个计划又遭到了顽固派的坚决反对，
顽固派和洋务派就关于筑路问题展开了一场辩论。顽
固派屠仁守在1888年12月的一封奏折中说："今天中
国要自强，只能靠'修道德，明政刑，正人心，厚风
俗'"，这是根本，自强决不能靠筑铁路。1889年1
月9日，河南监察御史余联沅认为筑铁路有害无利，
请求皇太后下旨停修，以顺应社会舆论。1月13日，
屠仁守与吴兆道会奏"通州铁路断不宜开"。1月22
日这一天，顽固派在这一天给皇太后上了4份奏疏，
要求停筑铁路。总理海军衙门的奕譞、李鸿章在1889
年2月13日给皇太后呈上奏疏，对反对派提出的各种

错误观点一一加以驳斥。

皇太后没有办法，她叫各省督抚、将军研究提出意见，讨论的结果是持反对意见或主张持慎重对待态度或不明确表态的占绝大多数，于是，清朝皇太后没有批准延修津通铁路。

1895年中日甲午战争的失败，清政府割地赔款，朝野上下，要求自强、建造铁路的呼声高涨了起来，这时，李鸿章再次奏请修筑由天津到北京间的路线，为避免船户的波动，改以卢沟桥为终点，这条新线称作津芦铁路。实际上还是原来议定的津通线，清政府批准了这一计划。1895年11月28日，清朝政府任命顺天府尹胡燏棻为铁路督办大臣，詹天佑被调任为津芦路工程师。

1895年，津芦铁路正式开工。铁路从天津起，沿运河西岸，迤逦而北绕，越南苑以达卢沟桥。共108千米，1896年全线修成。这一年，恭亲王奕䜣因去天津办事。开始，他乘骡车到丰台，16千米的路程差不多走了一整天。然后，他登上了豪华的火车列车厢，只用了3个小时就走完了130千米的路。既快又舒适，他非常高兴。回到北京，他就毫不迟疑地下令让铁路向北京接近。

1897年8月，卢沟桥至永定门正式通车。中国铁路公司改组津榆铁路总局管辖全线。1897年，津榆铁路总局改为关内外铁路总局，筹议接修关外铁路。

1898年，关内外铁路总局决定展修关外铁路至新民屯，并拟修沟帮子至营口等路。但自中复所至大凌河共120千米，其间大小桥共计90余座，还有应开山洞多处，工程非常艰巨。因此关内外铁路总局拟先将锦州首段工程修完，再筹划展修，詹天佑就任关内外铁路公司锦州铁路工程师。

锦州铁路工程师估计工程需白银400余万两，除了由户部拨养路经费200万两外，还缺200万两。英国的汇丰银行和怡和洋行马上合组了中英公司与胡燏棻谈判借款问题。

胡燏棻改变了先建锦州首段工程，再筹展修的原来计划，他以修锦州铁路同时修建中复所至新民屯铁路、营口支线，并偿还津榆、津芦各路所欠款为由，请准了清朝政府向中英公司借贷1 600万两的庞大外债。8月24日，他和中英公司签订了关内外铁路合同。合同中规定：借款期45年，从第六年开始，匀分40年归还，年息5厘。北京到中复所全路的轨道、车辆、产业以及营业进款作抵押。如果到期还不上本息，上面所开路线的铁路和产业统由中英公司派人接收。一直到本息全数还清再交回中国人管理。除了以上这些苛刻条件之外，还约定：筑路总工程师和各部门主管人员，须由英国人充当。詹天佑当时正在修筑锦州到山海关那一段铁路。听到这消息，他非常气愤，他对中国员工说："现在中国铁路是借外国款子修的，也就不得不用借款国家的人。只要我们有了本领，我们国家由弱变强，就可以不借外债，不用外国人了。"

1897年借款成立时，公布金达为总工程师。但是，由于李鸿章在1896年接受了帝国主义俄国的贿赂，签订了中俄密约，出卖了东北地区，所以，这时俄国便反对金达为总工程师，提出声明："满洲利益独占，不容第三者侵及。若修长城以北铁路，须用俄资并以俄人为工程师。如用英款及英人，就是违背前约。"清政府总署声称合同已于6月15日签押，最好由英俄两国直接交涉。这无异将自己的独立主权拱手让给英俄两国，任随他们宰割。英国一方面提出在华"利益均沾"搪塞帝俄之口，同时双方划定在华铁路投资范围。英国保证不侵占俄国在长城以北的投资权。这样，俄国自动撤销了交涉，承认关内外铁路局的总工程师及各部门办事首领均以英国人充当。

1899年，关外铁路修至锦州后，积极建设营口支线，当时詹大佑驻在营口，施工十分紧张，一面由锦州向东展修至沟帮子，一面由牛庄向西展修。两面工程同时并进，在双台子附近相遇。第二年由沟帮子向东展修。奉天将军增祺为了工程不停顿，破例提升詹天佑帮办山海关外铁路局事宜。5月，营口支线完成了，7月修至大虎山附近。这时义和团运动爆发，八国联军入侵中国。他们以"护侨"、"保路"为借口，分别占领了关内外铁路，利用铁路大规模调运军队来屠杀中国人民。因此，关外铁路被迫停止。这件事又一次深刻地教育了詹天佑：帝国主义者在中国修筑铁路，除了进行经济侵略以外，就是便于进行武力侵略中国。

关内外铁路被帝国主义占领期间，詹天佑被督办铁路大臣盛宣怀调往萍乡醴陵铁路充当工程师。萍醴铁路是在1898年由盛宣怀倡议兴修的，主要目的在于将江西萍乡的煤转运汉阳，以供汉阳铁厂熔铸芦汉、奥汉两路所需钢铁材料之用。主持工程事宜的是美国工程师李治。詹天佑以知府名义前往协助，哪知李冶等人无意修路，又阻挠中国使用1.435米的国际标准轨距。这样下去，中国的铁路轨距永远是英美制、比法制、日本制、德国制、俄国制等杂然并存，使中国铁路轨距得不到统一，以便于帝国主义的宰割。在这种情况下，詹天佑已无法工作下去，一年后返回北京。

八国联军进入北京之前，慈禧皇太后和光绪皇帝等已经逃到陕西。1901年9月7日，皇太后派李鸿章代表清朝政府与八国联军签订了《辛丑条约》十二条，按照条约规定：侵略军开始撤退、英国、俄国强占中国的关内外铁路归还中国，慈禧皇太后和光绪皇帝回到北京。

李鸿章在签订《辛丑条约》后，受到了全国各界舆论的攻击，吐血而死。临死时他向皇太后保荐袁世凯继任直隶总督。袁世凯到任后，清政府派他向英俄两国交涉接收关内外铁路，胡燏棻会同办理，派詹天佑参与办理关内外铁路接收事宜，并负责铁路的修复工作。

袁世凯和胡燏棻首先和英国人进行交涉，但英国人以路虽然由英国军队管理，但各国是"利益均沾"为由，故意拖延，不愿交还，直到1903年4月29日，英国军队才同意将关内外铁路交还中国，附加条件是随时运送英国驻华军队，以及对中国铁路英国有用人权、财政干涉权。俄国交还关外铁路时，也规定了享有铁路驻军、电线、邮政等特权。在俄国把关内铁路交还中国前，已经擅自将关内段机车、车辆以及山海关桥梁材料大批劫走北运。关外铁路，也被破坏多处，急待修复，因此交涉接收关内外铁路线成为一件极其麻烦、复杂的工作。在这种情况下，詹天佑一面接收，一面修复。至1904年，全路完成复原工作，詹天佑在工作中表现得非常突出。袁世凯非常高兴。

詹天佑虽然修了很多铁路，但是他始终没有取得独立地主持一项全部工程的权利，洋气和洋罪，他受得太多了。

"什么时候我们完全自己干就好了！"这个念头越来越强烈地在他心底里涌动。

1902年秋天，慈禧太后下令，要在第二年春天去祭陵。清朝政府皇室在每年春天有祭陵的习俗，清陵分东陵和西陵，东陵在河北省遵化县，西陵在河北省新城县高密店以西约40千米处。袁世凯为了迎合皇太后，想要让慈禧太后体会一下新式交通工具的便利，建议由直隶河北省新城县高碑店经易县修至梁各庄，称为新易线铁路，又称西陵铁路。慈禧太后过去一听见说冒着蒸汽的火车头能拉起一长列的车厢奔跑就觉得心惊胆战的，而今她也要体会一下乘火车的滋味，所以她非常赞同修这条铁路，并拨款60万两，由直隶总督袁世凯全权办理，并限在6个月内完工。袁世凯原打算请金达任总工程师，并将这条线交京奉铁路代管。但是，驻北京的法国公使提出异议，说高碑店既然在京汉线上，那么这条支线就应当被看做京汉铁路的支线，应由京汉铁路代管，要求派法国工程师承担这项工程。英法双方都争夺这个总工程师的职位，但谁也不肯让步。袁世凯没有办法，最后决定由中国人自己办，他从京奉铁路调詹天佑为建设西陵铁路的总工程师。因为英法两国反复交涉，耽误了很多时间，距离通车的限期只有4个月了。

詹天佑接受任务后，立即由京汉线上的高碑站向西勘测，选择线路、备料开工。

动工之时，正好是冬天，河水冻结，给施工和运输都造成很大的困难。材料缺少，运输材料又困难。詹天佑果断决定，钢铁不够，就从京奉路借用旧轨，加以调整变直后，铺在岔道上使用。枕木不够，就用现有的枕木实行稀疏排列。他大胆地打破了外国工程师行之多年的老规矩，根据他的经验，他认为在中国的华北地区，所谓新路基必须风干一年以上才能钉道的外国经验是不适用的，他一面严格要求筑路质量，一面指挥边筑路边铺轨，建设永久性桥梁时间不够，他便指示修木架便桥。

在这4个月的时间里，詹天佑每天要工作十五六个小时，许多晚上，他都不能睡觉，这是他第一次取得独立主持的一项全部工程，而且必须在极大困难下才能完成。他表现出了杰出的才能，终于按期完成了任务。

这是清政府第一次没用外国的钱，没有聘用外国人。从测量、选线开始，靠自己的力量建造的第一条铁路，这条新线的完成，大大地增强了中国人民自己修建铁路的勇气和信心。

1903年春天，当慈禧太后坐上火车去祭陵时，为了检验路轨铺得是否平稳，她在车厢内放置了一满杯水，火车跑完全程，也没有晃出水来，她非常满意。

把车厢内的珍贵摆设儿都赏给詹天佑，詹天佑又分赠给了别人。

新易铁路建成后，詹天佑始为海内所重。这一年，他的父母相继去世，詹天佑回家奔丧，正好赶上广东侨商张某兴办潮州至汕头铁路，特邀詹天佑为顾问，代为全盘策划。詹天佑返回北京途经上海时，又被沪宁铁路邀为顾问工程师，回到北京他又回到新易铁路上，把原来临时性的工程改为永久性的工程。为了表彰詹天佑的工作业绩，清朝政府奖给詹天佑道台衔职称，道台衔在当时是一个大荣誉。詹天佑在中国广大工程人员中树立了极高的威信，为日后修筑京张路奠定了坚实的基础。

京张线艰难的勘测

　　1900年以后，出现了中国人民纷纷要求自建铁路，抗议帝国主义国家掠夺中国铁路修建权的运动。因此，清政府成立了铁路矿务总局。并颁布了《矿务铁路公共章程》，允许商人兴办铁路。从1903年起，就不断地有绅商申请以商股承修京张铁路。商人李明和曾经向清朝政府路矿总局申请，准许他集股银600万两，承担修筑北京至张家口的铁路工程。后来，商人李春也来呈请，但都被清朝政府以无可靠股本为由驳回。但清政府却因此注意了京张铁路的修建，将商人的方案批交商部讨论。

张家口在长城居庸关外，地处北京的西北，为通往内蒙古的孔道，在历史上一直是北方的军事重镇。从经济方面看，由北京到张家口是南北商旅交通的要道，贸易数量很大。每年运输的货物，有从蒙古一带输出的土产皮毛、驼绒和南方输入的茶叶、纸张等生活用品。在政治上清政府为了与蒙古王公加紧联系，也需要改善交通。由于有利可图。因此，清朝政府很快就同意了修建京张线的计划。

但是，这些年来，由于清政府的腐败，以致国库空虚。若是再借外借实利又要落在外国人的手里。若不借外债，自己又无力修建。慈禧太后也左右为难起来。当时，督办铁路大臣袁世凯提议用关内外铁路营业余利官修京张铁路。然而当时关内外铁路的余利，全部控制在中英公司的手里。中英公司借口关内外铁路有中英借款关系，京张线是关内外铁路的延长线，必须由英国工程师继续主持，否则不能拨款修建京张铁路的消息传出后，沙皇俄国又以李鸿章签订的卖国密约"长城以北铁路不能由第三国承建"为理由，要挟清政府："如果找外国人修建，就得由帝俄承包。"英俄双方争吵了一年多，没有获得解决的办法。最后，英国向清政府提出："长城以北的铁路不能由第三国承建。日本、美国、德国和我们大英帝国当然属于第三国啦，如果你们中国自己修，这个问题不就解决了吗！我们英俄两国之间也就没有什么争执的啦。至于中国有没有工程师来修建京张路，那可就要看你们的啦。"

俄国方面也同意这个建议。俄说："中国不属于第三国，如果是中国自己修建，我们沙皇陛下当然不会有意见。"

他们认为，中国根本就没有能够修京张铁路的工程师。如果没有他们的帮助，是根本没办法动工的。即使动了工也必然会中途失败。到那时还得向他们求援。他们认为这给中国出了个很大的难题。于是，袁世凯顺水推舟当即宣布："京张铁路全部由中国人自己修筑和经营。不任用一个外国工程师，与他国无关。"

京张铁路是中国铁路史上第一条由中国人自己修建的重要铁路。各国的工程界都关注着主持这条铁路工程的人选和动工时间。由于建筑西陵铁路的成功经验。袁世凯认为詹天佑有足够的经验和能力担负这项艰巨工程。

1905年5月11日，袁世凯会同胡燏棻奏请清政府正式成立京张铁路总局，派陈昭常为总办，詹天佑为会办兼总工程师。京张铁路总局设在天津，在北京西城丰盛胡同设立分局，同时在北京设立工程局和材料厂，由詹天佑亲自负责。

当詹天佑出任京张总工程师兼会办的消息传出后，有些人笑他"自不量力"，有些人骂他"胆大妄为"，还有的人说"这不过是白花几个钱罢了"。这些蔑视和嘲笑都没有影响詹天佑的坚强信心，他决心用事实回答他们。

詹天佑接受任务后，立即着手筹组工程局，所有工程师都由詹天佑量才调度。但是在清朝政府的腐朽统治下，中国工程人员是很有限的。詹天佑并不因此而气馁，他相信依靠广大的工人和熟练的办事人员和他领导下的少数工程师是可以解决困难的。

工程局成立以后，詹天佑怀着兴奋的心情，带了几个学生和他的工程队的一部分人员来北京开始测线。京张线的初测工作，由詹天佑和学生张鸿浩、徐世远担任，他们从丰台以东京奉路柳村第六十号桥测量起，经过广安门，西南门、清河、沙河直奔南口，他们迎着和煦的春风，敞开衣襟，在盛开的桃花树下，插下标杆，架起经纬仪器，非常愉快地工作着。由北京往西走，沿途横阻着崇山峻岭，坡陡山高，每30米就要升高1米。其中的关沟地段最高，这个地方称作南口河谷。从南口到西拔子共长20千米，包括东园、居庸关、四桥、三堡、青龙桥、八达岭等高地、尤以八达岭为最高峰，这一带，尽是悬崖峭壁，通过关沟地区的老龙背、蛇腰湾、鹞儿望、石壑子等处，坡度极陡，徒步尚且难行，火车就更难飞越了。于是詹天佑就亲自爬到悬崖峭壁上定点制图。

出了居庸关，景色全变了。塞外的风沙很大，詹天佑无论在任何恶劣的条件下，始终精神饱满地坚持工作，在工程上他从来不允许有一点儿含糊。有一天傍晚，工程队正在悬崖峭壁上测量，狂风卷着满天黄沙，从西北刮来，刮得人睁不开眼睛，大家都着急想快点结束工作，比较草率地写下测得的数字。詹天佑却冒着狂风，在这号称"天险"的岩壁上一手攀着岩石，一手握着仪器，别人劝他说：大致差不多就行了，詹天佑既和蔼又严肃地对大家说："技术第一要求精密，不能有一点儿含糊和轻率。""大概"、"差不多"这些词，永远不许出自工程人员之口。

有时候，测量人员就要向新目标转移了，他又去再次复测一遍已经测过的地方。这样做难免会多用一些时间。有一次，一个青年人不耐烦地说："您既然信不过我们，还让我们测量干什么？"他亲切地对他说："不是我不信任你们，科学工作，多一个人检查，会少出点错误。我们的责任重大呀！"许多技术人员被他这种负责的精神所感动，以后就自动地一次又一次地复勘米矫正错误。居庸关一段初步定线以后，詹天佑率领工作人员立刻向西开展工作，直奔张家口。

由于关沟一带路陡山高，修这条路，工程量大，难度高，修成后通过能力低，运输量受到很大限制。詹天佑感到需要再测一条路线，于是在从张家口往回测的时候，又设法寻找其他线路，詹天佑在紧张的选线测量工程中，经常勉励工作人员说："全世界的眼睛都在望着我们，必须成功！"

詹天佑回测的路线是经过怀来县、延庆州、小张家口，沿着热河至北京的大道，经得胜口过山，过明十三陵、黄土梁而到北京。这样就可以绕过关沟地带。但路途绕远，坡度也不小，工程并不比前线简单。

詹天佑不怕艰苦劳累，又去勘查了第三条线路，这条线路由北京西直门，绕石景山，经三家店，沿永定河畔，走青石口，到沙城附近的猪河口出山，到达张家口。詹天佑计划中的这条线路，主要沿永定河畔的峭壁修建，工程较关沟段还要艰难，但通过能力高，运输量大于关沟线数倍。詹天佑想采用这条比较合理的线路，并且制好了预算的工程计划，但由于清政府所批的款项和筑路时间的限制，采用这条线，不仅不能按时完工，而且经费也不足，詹天佑只好忍痛放弃了这条线，决定采用第一条线路施工，于是又调配人员分别全面进行复勘定线，把全线分成3段。

第一段由丰台至南口，詹天佑自行插标，由副工程师陈西林、学生张鸿浩、徐士远等详细测量定线，靠近南口山麓地势高的部分，由副工程师俞人凤、柴俊畴测定。

第二段由南口到康庄，中间要经过关沟，由南口至八达岭虽仅10余千米，但高度都在600米左右，须开凿长约1 089米以上的隧道，由陈西林、张鸿浩勘测，八达岭隧道的定线，派副工程师颜德庆，工程员张鸿浩、苏以昭等负责。

第三段由康庄至张家口，由副工程师翟兆麟、学生刘锜、李鸿年、耿瑞芝、练习生吴廷叶、付菊樵等负责。

詹天佑在勘测以后，就将勘测的情形向清朝政府作了报告。

在报告中，詹天佑科学地分析了修建京张铁路的价值，着重说明了京张线的经济价值，并对这条路未来的发展做了足够的估计，同时，又精打细算，节省经费。同年6月8日，詹天佑将修建京张铁路的办法，附上详细地图表说明送请袁世凯、胡燏棻审查批准。1905年7月，全路勘测工作完成。

在复测中，詹天佑不管在任何恶劣的条件下，始终精神饱满地工作着，他亲自率领工程人员，背着标杆、经纬仪在峭壁上定点、制图。塞外狂风飞卷、沙石满天，一不小心就有被卷入深谷的危险，但詹天佑始终坚持工作，并鼓励大家一起坚持工作。在复测过程中，他既是技术高超的工程师，又是诲人不倦的教师，更是一个普通的测工。他对测量工作坚持高标准、严要求。他常对青年技术人员讲，我们虽然已经定了基本的线路，但是具体的路线还要精密勘察，这是中国人自己修筑的第一条铁路，如果选不好，不仅延长里程，提高造价，外国人还会耻笑我们，更重要的是会使中国工程师今后失掉信心，必须选好线路，认真完成它。他为了寻找一条最好的线路，不仅多方搜求资料，而且亲自访问当地的农民、樵夫、牧人征求他们的意见。他常常骑着小毛驴在崎岖的山路上奔走，白天翻山越岭，晚上还要伏在油灯下绘图计算。

在詹天佑认真测量和周密详细计划下的关沟段线路，比英国工程师金达所测的关沟段线路——由石佛寺遂道向西北直行要开隧道3 000多米的计划，短了很多。詹天佑所测的线路，在隧道工程上，要减少了3 000余米，为国家节省了大量经费。

当京张铁路决定通过关沟段的消息传出后，那些目空一切的外国工程师纷纷断言：中国工程师绝不可能完成这种艰巨的工程。有的人甚至说：中国会修关沟段铁路的工程师还没诞生呢！詹天佑对这些冷嘲热讽不予理睬，他有充分的信心把这条路修好。

举世瞩目的京张线

京张铁路的线路测好后，1905年9月4日，正式破土动工，筑路的第一件大事就是修路基和征购沿线所需要的土地。铺路基的工程是很困难的。詹天佑在日记中这样写道："既没有机器、又没有车辆运输钢轨，只能利用小平车和人力车来克服困难。"他把家属迁到工地上，发誓不修好京张铁路就不回北京。他亲自发动群众，组织人力，和工人同志们一起干，终于把材料运送到了工地。1905年12月12日，在群众的欢呼声中，詹天佑有力地举起钉道锤，钉下了京张铁路的第一颗道钉儿。

这次京张铁路的轨距，詹天佑坚持用1.435米的国际标准轨距。他曾对人说："铁路犹如人的血管一样要能周流全身。铁路四通八达，工商业才能跟着得到发展。所以，中国真正统一要从铁路划一开始。"

在丰台车站铺轨的第一天，京张铁路工程队的工程列车中有一节车钩链子折断，造成脱轨事故。费了很大力气才恢复原状，影响到部分列车的行驶。那些迷信外国人不相信中国人自己能修好铁路的洋奴到处造谣说："詹天佑钉道的头一天就翻了车，这条铁路不用外国工程师就是靠不住。"詹天佑没有理会这些话。但列车钩链折断的事故却提醒了詹天佑。京张铁路的坡度最大，爬上高地或是从高地下降，仅有坚固的路基和标准轨距是不够的，还必须使列车与列车之间紧密地连接成一个整体，才能使列车安全地行驶。否则，很可能出事故。他想，京张铁路是中国人用自己的人自己的钱修建的第一条铁路。如果失败的话，不但是我的不幸，也是中国工程师的不幸。同时会给中国带来损失。他要在中国人自办的第一条铁路上解决这个世界各国还没有解决的挂钩问题。强烈的爱国热忱和责任感，精密的科学性，使詹天佑后来终于发明了自动挂钩。这种挂钩使几十节车厢牢固地结合在一起，再也不会因为挂钩而发生事故了。现在世界各国都采用了这种挂钩。为了纪念这位发明家，这种自动挂钩被称为"詹天佑钩"。

京张铁路为了收购沿路所需土地，订出了章程25条。但这些章程只在老百姓中实行，到了地主豪绅那里，执行起来就困难了。京张铁路的第一段从丰台到柳村，是租用津榆路路基，加以修补。柳村到广安门段，是按通颐和园的老路基取直的。这一下购地就有了困难。一种是皇族的"圈地"，这是任何人不能碰的。一种是官地，有些可以商量租用，有永佃权的土地，使用后代为租。还有就是旗人私产和百姓私产，清政府对于沿线百姓的房屋采用一律限期迁移，不然就由政府派人拆房的办法。这些由于修路失掉家园的人把心中的积怨都发泄到铁路上，修路时期巡逻队伍不断发现有人破坏铁路。

当京张铁路路轨铺到清河镇的广宅坟院时，便遇到了阻碍。前任锦州道台广宅，是恭亲王的远房孙女婿，势力很大。他们雇些当地的无赖、流氓卧轨要挟，说："火车头是个丧门神儿，火车一过，广宅坟地的风水可就都完啦！我是黄带子，江山是我们家的，你们要离开我的祖坟5千米以外修路！"这里四周有三面都是高大的墓地，北面是郑王坟，南面是宦官坟，西边是慈禧太后父亲桂公爷的坟。要改线就得偏北，同时还要费很长的时间、花很多的银子修一座大铁桥。詹天佑气愤地说："为了那几块死人骨头，就要多花银子，多耽误时间去修一座铁桥，这不是我们工程人员做的事！不能改线！"但恭亲王载泽出来支持广宅，一定要铁路改线。广宅还送给詹天佑3 000两的银票想贿赂他。邮传部既不敢支持詹天佑，又不敢拒绝广宅的要求。詹天佑非常生气。他认为接受别人的贿赂，串通舞弊，这是绝大的侮辱。铁路计划决不能随便更改，坚持按原定的线路前进。一直到载泽等五大臣去外国考察宪政，在车站遇到刺客把火车炸了，吓得载泽闭门谢客，对外事一概不闻不问后，广宅失去了后台，才软了下来。同意铁路从广宅坟前通过。但为了保全风水，要求在坟地的墙外修一条小河，并派三品大员拈香设祭，路修过去之后要立碑纪念。詹天佑完全答应了这些条件。但铁路铺成后并没为他们立碑。詹天佑告诉工程队的人员："反正路修好了，广宅也无从要挟了，不必再理他们了。"

　　1906年9月30日，第一段工程全部竣工通车，在售票盈利同时还能运送第二期工程所需材料。这一年，詹天佑又兼任沪嘉铁路顾问工程师，参加津浦路、洛潼路的修建计划，陈昭常总办调东北后，詹天佑将京张路局由天津迁至北京，成立了车务处、南口机器厂、南口材料厂，铁路警察训练所及医院，只留下转运局在天津，转运外洋器材，他做好一切准备后，希望在第二段工程开工时，将全部精力集中到工程方面去。

京张铁路第一段工程完工后，马上就开始修筑第二段从南口到岔道城的工程，这是京张路最艰巨的工程。这一段路线上尽是高山，深谷坡度很大，特别是关沟一带的隧道工程。在居庸关和八达岭之间，开凿4个隧道：居庸关、五桂头、石佛寺、八达岭，总长1 645米，其中最长的是八达岭隧道，长达1 091米，其次是居庸关隧道，366米，这是两项驰名世界的艰巨工程，外国工程师听到詹天佑修建关沟段铁路的工程后，轻蔑地说："中国工程师决不能修筑这样的工程。"詹天佑知道这一段工程是全路的关键，在开工以后，立即将总工程师办事处迁到南口，决心修好这段工程。居庸关隧道在詹天佑的亲自指挥下首先开工。开凿隧道不仅要有经验丰富的工程师，精密的测量，而且还要有新式的开山机、抽水机和通风机等设备。可是当时没有这些设备，只是靠工人的两只手来开凿，开凿之前，必须先测定凿线、定线时，詹天佑首先想到的是节省经费，选择山岭最窄的地方开凿，使隧道短平直，如遇山势陡峭的地带，则采用螺旋环山法以减少隧道的长度，同时也免去坡度的急促。

居庸关山势陡险，詹天佑开始打算直线穿关而过，但这样就得使关内的许多民房被拆毁，为了不使山地居民因为修筑而无家可归，詹天佑绕道关东山麓，修建一座天拱桥，横跨涧谷，绕远20多米开凿隧道。

居庸关由于山势高，岩层厚，如果从一头凿进，一定会延误工期，如果在隧道中距离开井，垂直下去山势又过高，岩层很厚，不易施工。于是詹天佑决定采用从两端向中点凿进的方法，对凿法对施工的精密度要求很高。所谓"差之毫厘，谬以千里"，只要稍有差错山洞就不能在中点贯通。

詹天佑先绘制一幅隧道剖面图。然后，让人在山岭高处立一只标杆，在岭两侧各立一地点标杆，这三点构成一个垂直面。然后，在两侧地点内侧再立一人点标杆，这样，地点与人点的延长线就指示所凿隧道的中线。施工队每挖掘几米，就立一新的中橛，并不断地向洞外的地点校正看齐，以保证掘进方面不偏。

定线以后，就开始施工，每端配备60名工人，从两头同时开工向中点凿进。60人中凿工40名，土石运输工20名，凿工两人一组，一人拿钢钎，另一人拿铁锤，轮流用钢钎在岩石上打出两米深的炮眼，再装上炸药和引线爆炸岩石。洞眼的大小、深浅，方位以及装药的分量，都由詹天佑亲自决定。在中国把炸药用于矿山和掘进工程，是詹天佑首创的。

正当居庸关工程顺利掘进的时候，日本包工商雨宫敬次郎上书袁世凯，要求用日本钻机，并派日本枝师和钻工承揽全部隧道工程，说："中国技术人员及工人对开凿山洞都无经验，如果只靠人工，恐怕很难完成。"詹天佑一口回绝，他心里想："开山机固然好，但你们想以此来掠夺筑路权，办不到，我们要靠中国人自己的双手打通山洞让你们看看。"

隧道开进几十米以后，又遇上了新的困难，原来山顶的泉水渗入洞中，又正值雨季，雨水也流入洞中，隧道内积满了水。泥水齐流，炸药也失去了作用，工程进行很困难。但詹天佑并不灰心，他带头挑着水桶去排水。他常常和工人们在一起吃饭、住宿，不离开工地。

英国人金达常常带领一些其他外国工程师来到居庸关内外，他们带着猎枪，拿着食品，以打猎为名在附近转来转去偷窥工程。有一次他们看见詹天佑从洞里走出来，穿着工作服，挑着泥水桶在排水，就和詹天佑说："购买一台外国抽水机很快就排干了，何必这么费事呢？"詹天佑说："没有抽水机我们照样也能干！"

一个奥地利驻天津的领事，问詹天佑要不要从匈牙利工厂购买京张路的车辆，他说："我知道唐山厂不能制造车辆，所以来给你介绍。"詹天佑郑重地告诉他："如果中国唐山厂不能替京张铁路制造车辆，我们将到天津各厂家去买……我们决不会找你，也不会找其他厂家，唯一的办法是去我们自己的工厂去买。"

京张路的全体人员在詹天佑的领导下，终于克服了一切困难，在1908年4月凿通了居庸关隧道。

在居庸关隧道开工之后不久，八达岭隧道也开始动工，八达岭隧道比居庸关隧道长3倍，地层几乎都是十分坚硬的花岗岩，凿起来非常难。詹天佑根据具体情况，认为八达岭隧道洞身过长，如果还用两端对凿的办法，很不容易准确掌握而且耗时较长，他和老工人们在一起商量后，决定改用中距离凿井的办法，然后分6个作业面同时掘进。用这种办法施工更加困难。在洞两端相对中点凿进的同时，再于洞身中部的山上，开两口大竖井。挖至预定中线和水平线后，分别向两端掘进，等到凿进稍深以后，在井口设架辘轳，以便运送工人，土石，积水和作业器材，詹天佑经常深入现场，和工人们吃住在一起，以便随时处理施工中出现的新问题。

　　有一次，他在井下跟工人一起作业，忽然感到胸闷气喘，看看旁边随身携带的小瓦斯灯，火苗也越来越弱了。他意识到这是井下缺氧，会影响工人操作和生命安危，就立即指挥工人撤到井上。为解决井下缺氧问题，他下令在井口设扇风机用人力鼓风，连接铁管，把新鲜空气送到井下，保障井下作业人员的健康，他还想到隧道修通后，洞内检修工人的安全问题，于是在洞内设避风洞和通风楼，每隔几十米凿一个避险洞。这样在火车过洞的时候，工人就可以转入避险洞，以免发生危险。

1908年5月23日，八达岭隧道全部打通。詹天佑特地邀请外国工程家金达、喀克斯等人来工地参观，当他们坐着专车巡视过居庸关、八达岭两个隧道后，他们对于这项工程设计的合理、设施的完备、施工的精细给予很高评价；当他们检测这座分段开凿的山洞"南北直线及水平高低竟不差分毫"的时候，表示非常敬佩。英国工程师金达对詹天佑说："你们已经很经济地完成了十分完善的工作，这要归功于你和你的部下。"喀克斯也说："如果外国工程师再谣传修京张路的工程师中有外籍人员，我愿意作证。"几个原想包工的日本工程师对工程也大加赞美。

居庸关、八达岭隧道完成后不久，紧接着石佛寺、五桂头这两个隧道也胜利完成了。但前面的铺轨工程又遇到了新的难题。八达岭附近地势极险，如果铁路沿山直上，坡度太大，不仅行车危险，而且工程造价也很高。詹天佑经过苦想，创造性地利用折返线办法，从青龙桥起依着山腰，设计出"人"字形轨道。缓和了路线的倾斜度。

当第二段工程紧张进行时，詹天佑就布置另一些人用骡马将钢材石碴、枕木等运往第三期工程施工沿线，做好备料工作，所以第二期工程一结束，第三期工程立即动工，进行得非常顺利。

1909年，火车已通到怀来县。怀来河大铁桥是京张路中最长的桥梁，是用30米长的7座钢梁架成的。在第三期工程中，由岔道城以北经过康庄、怀来、土木、沙城、新保安、下花园等处，都沿线建立了车站，这一段地势较平，施工也很容易，但从下花园到鸡鸣驿矿区的岔道，虽然只有2千米左右，但必须沿山铺筑路基，这一段工程的难度仅次于关沟段的隧道工程。由鸡鸣驿山沿大河过蛇腰湾、老龙背达响水铺，这一带左临羊河，右傍石山，必须沿山开凿，20

米深的通道，再用这些石块垫高3千米多长的河身。同时，为了防止河水涨潮或山洪暴发，冲塌路基，必须用水泥砖保护。

在京张路的施工中，修建了很多大桥，詹天佑利用当地的石料和我国自造的水泥筑成了很多拱桥，既美观又坚固耐用，还为国家节省了经费。到1909年9月24日，经过主营全国铁路交通的邮传部尚书徐世昌、侍郎沈云沛和汪大燮对京张铁路的验收，京张路全线通车。原计划全部工程6年完成，在詹天佑和全体工程人员的努力下，只用了4年就提前完成了。京张路建筑工款原预算为7 291 860两白银。而实际上只用了6 935 086两。在建桥工程中，大部分桥都是利用当地材料，设计出许多有民族特色、坚固美观的石拱桥。不仅缩短了工期，还节约了经费。真正实现了詹天佑提出的"花钱少、质量好、完工快"3个要求，为中国人扬了眉，吐了气。为了纪念中国自己修筑的第一条铁路，清政府邮传部批准从9月10日至月底，丰台至张家口之间，往来客商无论从何处上车，一概免收车费，货物也免收运费。1909年10月2日，在南口举行了通车典礼。

鞠躬尽瘁

　　清政府邮传部因自办京张铁路成功，非常振奋。对修建铁路增强了信心。京张铁路通车后，詹天佑希望将京张铁路向西展至绥远。这样，不仅增进了西北的交通运输线，还可以开发大同地区的煤铁矿藏。因此，立即得到清政府邮传部的同意，并委派詹天佑兼任张绥路总工程师。于是，他先派人初测了3条路线，然后经他审定一条综合路线。但是由于清朝统治者奢侈、腐败，库藏空虚，财力不足。尽管批准了修建张绥路的计划，却拨不出筑路经费开不了工。最后只好用发行张绥铁路债券的办法来筹款补充不足部分。詹天佑带头把自己从生活费用方面节省下来的一点钱全部买了铁路债券。这样，张绥铁路于1909年10月开始动工；1911年11月铺到阳高。这时因辛亥革命爆发，英方停拨京奉铁路余款，张绥工程被迫中断，直至1915年该路才修至大同。

在修建张绥铁路的同时，詹天佑还被商办的粤汉铁路推举为总理兼总工程师。不久，被委任为会办粤川汉铁路。汉粤川是包括两湖、广东和四川在内的所有铁路干线。早在1898年铁路督办大臣盛宣怀提出建设粤汉铁路应向美华合兴公司商定借款。光绪皇帝同意了他的意见，并派出使美国大臣伍廷芳在美国与合兴公司签订合同十五款，规定由该公司筹集400万英镑，建设汉口至广东省城的铁路。铁路上的用人权、培训技术人员权、运兵权也都在草签的合同中出让给美国了。但是美国合兴公司把股票在国际市场交易获利，将借款股票2/3卖给了比利时商人，违反了合同上美国人不能将此合同"转与他国及他国个人"的规定，引起了川、湘、鄂等省官绅的反对。他们纷纷电请督办铁路大臣盛宣怀废约将铁路权收回自办。当时湖广总督张之洞也认为比与法通，法与俄联，恐京汉、粤汉铁路都落入比利时手中，危害无穷，因而也主张废约。

在路权交涉过程中，张之洞等害怕直接说废约会招致美国政府的干涉，改为赎路的办法。但是美方在赎路费上大敲了清政府一笔竹杠。1905年6月7日签订的赎路草约中规定赎路金总额为美金675万元，并另付利息。由于各省财力不足，加上官商集资为数不多，为了支付赎路款，同年10月7日，张之洞又和英国驻汉口总领事法磊斯签订了借款合同，借款总金额1 100 000英镑，以湘、鄂、粤三省的烟税作为借款抵押。全部本息由三省作10年摊还。

清政府赎回粤汉铁路后，鄂、粤、湘省三绅商推出代表在武昌开会，决定粤汉铁路由三省分途筹建，川汉路途经川、鄂两省，由两省绅商协商，由该两省分别筹建。

川路开始为官办。由于四川铁路督办对铁路建设毫不关心，对于川汉铁路的路线、动工日期、路款来源、工程师人选、工程费用的预算决算等，都无具体规则。四川人民非常不满，以长寿县举人张罗澄为首的商绅公开主张川路应为民办。四川总督锡良为了调和官绅意见，在铁路督办之下由官绅各派总办一人。沈秉堃为官总办，乔树枬为商总办，成为官商合办。一直到1906年2月才拟定了路工的具体办法，干路由宜昌到成都，分三段施工。宜昌到万县为一段，万县至重庆为一段，重庆到成都为一段。宜昌以上鄂省境内的铁路由四川省代修，订期25年由鄂省备价赎回。

1905年，湘绅王先谦等创立湖南铁路筹款购地公司，要求商办铁路。清政府没有同意，认为铁路乃国家要政，故应官督商办。1907年开设湖南铁路公司勘测湘潭、株洲至长沙一段路线准备开工。

粤汉、川汉两路由湖北官钱局承办，完全官办。

粤路和湘路、鄂路不同，湘路由官督商办，鄂路由官办，而粤路自三省订立公共修路条款后，在广州总商会九善堂的积极倡议下，72商行在1个月内就认股4 000万元，迫使清朝政府不得不承认粤路商办的形式。1906年广东九善堂72商行成立了商办粤路总公司。

1905年，四川省铁路公司决定先修宜昌到万县一段，并邀詹天佑为川汉铁路总工程师。

1910年商办粤汉铁路有限公司召开股东大会选举总协理，以得票最多的20人列单呈报邮传部，由邮传部博采舆论委派。在选举中詹天佑得票最多，清政府邮传部于是批准詹天佑任粤汉路总理。这一年詹天佑为中国铁路建设事业跋涉于北京、宜昌、广州之间。

1908年6月，清朝政府为了统一管理粤汉路路政，委派军机大臣大学士张之洞兼任督办粤汉铁路大臣。张之洞到任后，借口两湖商民财力不足，如果任由商民自行筹款兴办，决难早日完工。于是，决定借用外资，将汉粤川铁路同时修筑。并和中英公司经理商议借款，但由于中英公司向中国勒索过甚，迫使张之洞转向德商德华银行借款。中英公司竟派英国公使向清政府外务部提出质问：为什么和中英公司磋商借款的同时，又向他国银行提出借款？不敢得罪外国人的清政府答复说：如果派中英公司以外的商家来谈，肯按与德商所定的办法办理，还可商量。英国为了同时满足法国的利益，将法商东方汇理银行也拉了进来，最后决定两湖粤汉、川汉两路款项由英、法、德三国银行合借，合计500万英镑。1909年6月张之洞与三国银行草签合同。合同规定，粤汉路必须用英籍工程师，而川汉铁路必须用德籍工程师。美国听说这件事后，立即派代表到伦敦与三国银行团洽商，要求加入借款集团，承担1/4的借款。张之洞认为粤汉铁路以前因华美公司违反合同，致使清政府向英国借110万英镑的巨款才将铁路权赎回来，没有理由再向美借款修路。美国公使看张之洞这里通不过，就会同三国银行代表直接到清政府外务部交涉。迫使外务部承认将借款增至600万元英镑，美商借款占150万镑，所享利益与三国银行均分。这时沙俄闻讯也要求加入银行团，没被允许。

这时，张之洞去世。所有粤汉铁路，鄂境川汉铁路事宜归邮传部接办。

1911年4月24日，清政府派盛宣怀与四国银行团签订了借款合同二十五款，将汉粤川路的主权出卖给了英、美、德与法帝国主义集团。同时，清政府颁布了"天下干路均归国有"的命令，并立即委派端方为督办汉粤川铁路大臣，会同湖广、两广、四川总督和湖南巡抚接收民办铁路。川、湘、鄂、粤4条铁路的绅商发起了大规模的保路运动，反对清朝政府接收民营保路运动，反对清朝政府接收民营铁路的蛮横政策。湘省绅商最先发动，四川总督王人文也替川绅商说话，请暂缓接收。广东绅商以不用官发纸币的办法来抵抗清朝政府。5月21日清朝政府不得不颁布所谓"收回路股办法"：湘、鄂两路商股照本发还；粤路商股先行发还六成，其余四成则发给国家无利股票；川路定用工料的商股款完全给予国家保利股票，余款700余万归本省兴办实业，倒账之款，政府一概不管。这一不公平的办法，更激怒了四川省人民，纷纷成立保路同志会，反对政府借"铁路国有"为名而把铁路送给帝国主义的卖国政策。

这时清政府派詹天佑为粤路总理。詹天佑回到广州后，正遇上保路运动。詹天佑知道商办铁路是有很多困难的，但是自修铁路总比借洋债修路好，因而他大力支持"保路运动"。

詹天佑到职后，虽然用尽了心血把行车、购地、储料及筑路等事项逐一整理，有条不紊，使原来的腐败风气为之一变。然而由于"保路运动"，工程时做时停，工程进展很难。1911年辛亥革命爆发时，詹天佑正在广州展筑粤路。在大革命开始阶段，广州情况非常紧张，有钱的都逃到香港接受英国的保护，但詹天佑坚守本职。公司人员扬言说他们将离开铁路了，他的许多朋友也劝告他，不要冒着生命危险留在广州。他召集铁路各部门领导，告诉他们：他将坚守职务不动，但任何人有顾虑时，可以离开，但在离开之前，必须将每件事情交代清楚，交给他或他的代表。

结果，无一人离开，在整个革命期间，列车照常通行，铁路财产没有任何损失。

辛亥革命之后，詹天佑被任命为汉粤川路督办。当时他欢欣鼓舞，认为由中国自己人用自己的钱修造铁路的理想可以实现了，然而辛亥革命是资产阶级民主主义革命，因此不可能打出鲜明的反帝旗号。袁世凯北洋政府篡夺了辛亥革命胜利果实以后，继续履行清朝政府出卖汉粤川路主权的合同。由于筑路款是四国银行提供的，这就不得不聘用外籍总工程师和工程师。因此詹天佑必须在正常工作的同时，还要与英、德工程师作不妥协的斗争。

关于湘、粤两路的接轨地点，詹天佑提出"不必限定在两省交界之处，必须在湖南境内的宜章接轨才符合借款合同"，这用意主要是防止四国银行团势力的扩张。

德籍总工程师雷诺为了德国的商业利益，要求在川汉铁路干线广宜段之外加修杨家漳至老河口支线，并请求着手测量老河口至西安间的路线。广宜铁路局局长萧俊生认为可以同意，但詹天佑坚决予以驳回。他说：这不过是为了德国的商业利益；如果要修，以后我们自己修。

宜夔铁路局德籍总工程师伦多富勘测的成渝路线要向南折经泸州，以取水运之利，詹天佑批驳了这一意见说："该总工程师所说的成泸路线实属误会，泸州距重庆西南100多千米，距成都正南偏东约200千米，既延长路线，又逼近长江，费时费款，太不合算。况且由重庆到隆昌再到内江，向北可直达省会，没有南折泸州之理。"

在华洋工程人员共事过程中，外国工程技术人员有意对中国技术人员有所排斥。湘鄂段英籍总工程师格林森制定工程师职务等级时，以华洋为标准，有些职务只能由洋工程师为标准，有些职务只能由洋工程师担任。詹天佑出面主持公道，指示他要"但论学问，不分华洋"，格林森只好"欣然从命"。一次德籍工程师雷诺给督办一封正式信，要求允许派一批各级的德籍工程师代替中国工程师。雷诺在信中说：

"中国工程师水平不够"。詹天佑看到信后很气愤。他坚定地劝告督办，对于这个请求，不能加以任何考虑。他考虑如果这次允许了，将成为一个大批聘用外国工程师的例子，其他外国借款的铁路可以也要按例办理，不久，中国工程师就将在铁路上被淘汰了。于是詹天佑把雷诺请到督办总公所商议。雷诺到达后，詹天佑要他重念一遍他的信，看一看有无错误。雷诺回答说，信件没有错误。然后，詹天佑问他"中国工程师水平不够是什么意思"，雷诺回答他，他只指那些在他的段内的工程师不符合标准。于是詹天佑把信件当面还给雷诺并告诉他说，笼统地批评中国工程师能力不够，实属侮辱中国工程界，今后如查出某个中国技术人员不称职，可以换人，直到满意为止，但是中国人员的位置必须由中国人员补充。詹天佑说：我不相信，由外国借款的铁路聘用大批外国工程师担任各级职务是公平的，由外国有经验的工程师担任主要职位是可以的，但是中下级技术职位应该留给中国人，以便进行实习和训练。最后雷诺认识到詹天佑的拒绝是合理的，从而接受了他的意见。

汉粤川铁路因四国银行团的矛盾很多，经费掣肘，随时有停工的危险。因此，詹天佑提出赶修武昌至长沙一段铁路和萍乡接通后，载运煤货，以求自养。交通部同意了他的意见，1914年6月武长段开始动工，全线工程分为4段。因借款合同的规定，由英人喀克斯担任总工程师，工程大半采用包工制。但银行因每月只拨款10万英镑，并限定工程要1916年年底完成。总工程师喀克斯过去在修滦河铁桥时曾是詹天佑的顶头上司，现在成了粤汉路上武昌至长沙段的总工程师，变成了詹天佑的下属，在名分上就不能不受詹天佑的指挥。但内心却很不甘心，他有意拖延工程，以在外国材料厂订购的材料因受欧战影响不能及时交货为由，表示无竣工的把握。詹天佑不断地驳斥他的延误理由，推着他赶修这条南北大动脉。但喀克斯直到1916年12月全路才开始铺轨，到1918年9月16日才全线通车。距詹天佑原来计划的1916年底通车，延迟了两年半多。但如果詹天佑不与外国工程师作不调合的斗争，武长铁路工程岂止延迟完成，恐怕是根本完不成的工程。

　　川汉铁路的路线詹天佑已测定，但因第一次世界大战爆发，德国存款不能提用，只得停办。川汉铁路分为广水至宜昌与宜昌至夔州两段。广宜段原取道襄阳、荆门以达宜昌，全长350千米，较原路线缩短了1/3。他从审查广宜局的测量报告中看出马良至河港的测量前后不符，发现测量报告以普通勘测作为定线标准，批回广宜局查明再报。并严肃指出：普通勘察是定路线的经过；特别勘测，才是施工标准。二者是不可偏废的。

　　1917，清朝的封建残余张勋乘北洋政府脆弱无力的时候，演出了一出复辟丑剧。张勋曾派专人去汉口请詹天佑担任复辟政府中的邮传部尚书。詹天佑认为时代的巨轮是绝不会倒转的，严词拒绝。

　　由于北洋政府的无能，各省军阀的连年内战，再加上英法德美四国银行团之间矛盾加深，经费不到位，直到1919年，除了武长段通车之外，其余粤路、川汉铁路、湘路南段等各线工程几乎完全停顿。

　　1917年，伟大的导师列宁所领导的俄国十月社会主义革命的胜利，使世界上第一个社会主义国家建立起来。苏维埃的存在，使帝国主义国家感到非常不安。1919年1月，美、英、法、日等帝国主义国家以"俄国自1917年后没有正式的政府"为借口，对苏维埃国家进行武装干涉，组成了特别委员会监管西伯利亚铁路及中东铁路。因中东铁路原属中、俄合办的，涉及中国的主权问题，因此北洋政府也参加了这个委员会。

　　1919年，北洋政府派詹天佑前往协约国西伯利亚铁路监管会，任技术部中方代表。詹天佑极不愿参加这一次帝国主义的分赃会议，再加上健康情况很差，当时就曾向北洋政府的交通总长面辞过。但詹天佑鉴于办理国际交涉，各国都派技术专家前往，中国不派有声望的专家前往，恐怕对交涉不利。詹天佑当时任交通部技监，汉粤川铁路局总办兼总工程师，在国际工程界声望又很高，只有他去最合适。

在出席会议之前，他预计到去和美、日等帝国主义打交道，是项很艰巨的任务，同时也估计到这个会议中所讨论的问题，和争中国权益等问题，不是短时间能够解决的。所以事先他就要求和他的好友——工程师颜德庆、俞人凤等同行，以备万一身体支持不住的时候，不致影响会议的进展。

3月5日，七国监管会在海参崴成立，同时成立技术部。

当詹天佑率领代表团一行由北京出关赴哈尔滨和海参崴时，正是早春的季节，气候非常寒冷，这对于长期生活在南方的詹天佑来说，是很不适应的。

在海参崴和哈尔滨的一个多月中，共召开十多次会议。詹天佑终日看资料，做方案，写发言稿，与各帝国主义国家代表据理力争，为了维护国家主权的完整，他坚决反对由所谓"协约国委员"来监管中东铁路，他说，中东铁路原由中、俄两国合办，而中国又是大战的参战国之一，并有保持该铁路秩序的能力，中东铁路应归中国管理。但由于各帝国主义国家的反对和北洋军阀的腐败无能，他虽尽了最大的努力，仅得到中东路得以雇用中国工程师的一项权力。

以后，詹天佑又被推选考察车务。在寒冷的东北早春，奔波于海参崴和哈尔滨之间。由于极度劳累，加上气候寒冷和饮食不调，复发赤痢，病情日益严重。4月15日詹天佑不得不离开哈尔滨回到汉口，面对湘鄂路局和汉粤川总公所欢迎他的朋友，他只是有气无力地说了句："我身体支持不住了。"1919年4月24日，詹天佑的病势加剧，哮喘流汗，气息微弱，语不成声。由于心脏病和体力衰竭，医生多方医治无效，下午三时半，詹天佑与世长辞了，享年仅59岁。

我国近代最杰出的爱国工程师

詹天佑是我国近代史上最杰出的铁路工程师。他幼年就留学美国，学会了工程技术。回国后，从事铁路事业30多年，没有一天离开过铁路。他终身以工程技术为职责。抱着为人民做一点好事，为祖国修建几条不受外国人所控制的铁路的美好愿望，躬行实践，实干苦干。不善于宣传，也不求表彰，不求当官，只是想把自己所学的知识奉献给祖国，为祖国多作一点贡献。他具有高度的技术水平，但是他却从来不骄傲，不保守。他常以"虚心学习、脚踏实地"等格言，严格要求自己。当时与詹天佑同时回国的幼童，很多已飞黄腾达，早任要职，唯独他始终不离开铁路。他经常和劳动群众相结合，因而创造和改进了许多铁路工程技术，修建成了举世瞩目的京张铁路，从而使他誉满天下。

1909年11月，"美国工程师会"选他为正式会员，詹天佑是中国工程师被选入该会的第一人。1916年，香港大学授予他荣誉法学博士称号，成为中国人取得该校这项学位的第一人。同年，美国耶鲁大学决定授予他荣誉硕士，要求他前往接受学位，顺便给他重游美国的机会，詹天佑拒绝了，他说："我不能为个人的学位跑出去，中国需要我做的事情还有很多。"

的确，对于这样一位留学外国多年而不崇洋，执著地爱国而不排斥现代科学，努力用现代科学技术为祖国作贡献，并为祖国争得了许多荣誉的人，中国实在是太需要了。

他十分重视我国早期铁路建设骨干的培养工作，亲自制订铁路工程技术人员的考核晋升办法，对青年工程技术人员要求严格，培养提拔也不遗余力。

在修建京张铁路时，中国铁路工程技术人才很少，北洋、南洋和唐山的几个院校还没有铁路专业毕业生。詹天佑创设工程毕业生和工程练习生制度。工程技术人员共分五级，即工程练习生、工程毕业生、帮工程师、副工程师和正工程师。对凡是没有受过工科教育而进入铁路工作的优秀青年路工派为工程练习生，一面在工地学习，一面给予基本工程技术教育，6年后成为工程毕业生。然后再按品行资历授以帮工程师、副工程师等职称。他评人和用人的标准是先品行而后学问。他所培养的很多学生后来都成为了其他各路的工程负责人，为祖国培养了许多铁路工程人才。

在80多年以前，詹天佑提出的这些培养工程技术人员的思想和制度，是很有远见的，也是难能可贵的，在我们国内的大学还没有工科毕业生以前，早年的铁路人才，绝大多数是由詹天佑培养出来的。

詹天佑还十分重视提拔有实际经验的、自学成才的工程人员担任基层领导工作。他规定：正、副段长不一定非要学堂出身，只要熟悉铁路上的一切工程，有实地经验，具有独当一面才能的，就可录用。

詹天佑在从事中国铁路建设事业中，针对我国早期铁路缺乏统一标准的落后状态，一开始就十分重视铁路工程的标准化问题，他坚持采用国际上统一的标准轨距，并就铁路的线路等级、桥梁载重、路基宽度、限制坡度，最小曲线半径，站台高度、车辆限界、机车载重、车钩类型和安装位置等项标准进行研究，提出了相应的建议，避免了全国铁路各行其是的混乱局面。

詹天佑在京张铁路关沟段的创造是惊人的，这不仅在中国而且在世界铁路史上也堪称奇迹的工程，在京张铁路建成的当时，有人把它与万里长城并论，然而詹天佑在当时却非常谦虚地把成绩、功劳和光荣都归功于广大工程人员。

1905年，清政府举行归国留学生考试。这是一次科举制度的改革。考试的科目不是八股旧学，而是西方新学。按照各个留学生在外国所学的内容，考试外国语文和科学，按考试成绩授予"功名"。这次考试的主试官为唐绍仪，副试官是严复和詹天佑。詹天佑热情地欢呼这一改革，认为"这在中国考试制度上开辟了新纪元"，"八股文的考试终于被废除了"，"这也是中国有史料以来的创举"。詹天佑希望这次改革会给祖国带来新生。

詹天佑是一位杰出的爱国科学家。他在担任京张铁路会办以后，感到非常高兴，他认为："中国已渐觉醒"，"中国快要进入铁路时代了"！

辛亥革命以后，詹天佑一度对祖国铁路事业的发展充满了乐观的情绪。1912年5月17日，他组织粤汉铁路公司的职工欢迎回到广州的孙中山，孙中山十分器重詹天佑，向詹天佑谈了他对发展祖国铁路的设想，希望詹天佑帮助他实现16万千米铁路的规划。詹天佑听了以后很受鼓舞，并积极发表意见，愿意为实现孙中山的这一宏伟理想而贡献出自己的力量。可惜不久，辛亥革命的成果被袁世凯窃取，接着全国出现了军阀割据，内战不息的局面，发展中国铁路的宏伟计划根本得不到实现。

在这一时期，詹天佑还计划过修建武汉长江大桥，并且组织力量绘制了长江大桥的蓝图：这是一座并行8条线路的大型钢结构桥梁，最外侧左右各有一条人行道，往里左右各一条马车路，再往里左右各一条电车路，中间并列火车路两条。这座大桥在龟蛇二山之间，飞架长江南北，其结构之精巧，规模之大，气势之磅礴，同今天的武汉长江大桥很相似。但是，在半殖民地半封建的旧中国，这样的宏伟蓝图只能是一纸空文。

詹天佑还非常关心中国工程师新生力量的日益成长。1912年，广东的工程师在广州成立了"中华工程师会"，并推选詹天佑为会长。当时，因辛亥革命爆发，铁路工程暂时停工，一些工程技术人员都聚在上海，由颜德庆、濮登青、吴健等发起组织"中华工学会"。但是由于这个学会对会员资格限制太严，没能普遍吸收广大的工程技术人员。于是，又有很多工程师发起成立了"中华铁路路工同人共济会"，广泛的吸收会员，来补充"中华工学会"的不足，因为这三个团体的性质是相似的，各会的会员就有合并的意愿。1912年夏天，詹天佑因有公事去上海，在他的提议下，三会合并，定名为"中华工程师会"，所有三会的旧会员，一概不分等级，一律作为发起会员，在汉口设事务所，詹天佑被选为会长。

1913年，袁世凯为了巩固自己的统治，下令解散一切人民团体，"中华工程师会"也不能例外。詹天佑为了保存这个团体，于1913年修改了中华工程师会章程，改名为"中华工程师学会"，表明它的纯学术性质，由于詹天佑的关心和极力维护，"中华工程师学会"才被批准继续存在。在詹天佑的主持下，学会开展了各种活动，对培养、团结工程技术人员起了积极的作用，推动了科学事业的进一步发展。后来，这个学会由詹天佑捐资迁到北京，建立了永久会所，并出版会刊。他编撰并出版了《京张铁路工程纪略》和我国第一部工程技术词典《华英工学字汇》，对于提高青年技术人员的业务水平是很有帮助的。

詹天佑对工程技术人员的要求是很严格的，在京张铁路选线过程中，他经常勉励工作人员说："技术第一要精密，不能有一点含糊和轻率。"他满怀热情地给青年工学家们作演说，在《告青年工学家》一文中，告诫他们不要好高骛远，不安于细小的工作，不肯钻研，不要沽名钓誉，不要去做官，而要为国家的富强脚踏实地地学习和工作。他还劝勉青年工程师们要谦虚谨慎，不断地学习。他说：镜子因为常擦才亮，钢因为不断地锤炼才更加坚硬。学术研究是无止境的，只有不断地学习和研究，达到驾轻就熟的程度，才能够发明创造……回过头来看看我国的工学界，能有所发明的还少有所闻，难道是因为我们的智力不如欧美国家的人，而像司蒂芬生、瓦特、富兰克林、毛利这样的发明家，不能够在中国产生吗？我们说：不是！只是因为对于所学不愿意深求，学的不深，研究的不足所导致的。一些青年学子，一出校门，就放弃学业，得到一个位置，自己就满足了，至于到实地工作，也只是为求职称而已，能够在茶余饭后的闲暇时间里，继续发奋求学的人实在太少了。他最后指出，青年们工作要有计划性，谨慎从事，要爱护公共财产，免得给国家造成损失。詹天佑的这些话，至今对于我们青少年仍然有深刻的教育意义。

为了鼓励青年工程学家致力于科学研究，詹天佑亲手制订征文条例，并每年捐助若干银元，作为"詹氏征文奖牌"的资金。

詹天佑还非常关心铁路职工的疾苦。1906年，京张铁路刚开始修造的时候，他就在北京阜成门外设立了阜成门医院，为铁路职工治病，1910年，阜成门医院改名为京张铁路医院，并在下花园、张家口、天镇及大同等处设立了分院。

詹天佑为官一生，清廉自守，当时修建铁路都由外籍人员负责，对于购买材料的外国代理人，必须给以回扣，包工必须通过翻译员和包工商接触，所以铁路支付包工商的钱，翻译员会从中渔利。詹天佑在修建京张铁路时，把这些陋习都废除了。他一方面选用美国新型钢梁建造铁桥，一方面又因地制宜，就地取材，在京张铁路关沟段的20座桥梁中，就有13座是混凝土拱桥。这既坚固耐用，又减少进口材料，节约了费用。他任铁路高级领导职务几十年，但生活十分简朴，每次因公事到北京，都不住宾馆，常下榻中华工程师学会宿舍。詹天佑教育子女非常严格，身后并无大量遗产，这在当时官场上实在属凤毛麟角，足可以成为后人的楷模。

詹天佑在逝世之前，口述遗嘱3条，大意是：

一、"中华工程师学会"对于振兴中华实业关系很大，可以富国利民，希望能进一步壮大。

二、所遗监管会技术部代表一职，请政府另派最有能力的人出席，以期有效地与列强折冲，捍卫中国权益。

三、川粤汉铁路应争取工款，速定计划，早日从长沙延修至广州。

遗言3条，没有一条说到自己的私事，人们对他崇高的品德非常敬佩和感动。为了追念他的伟业，政府颁令将他的生平事迹交付国史馆业立传宣传。

1919年4月24日，詹天佑的遗体在仁济医院运回詹宅入殓。

出殡的前一天，武汉市各界举行了盛大的悼念公祭，为我国失掉一位最优秀的科学家而惋惜。出殡时，武汉各界都派代表参加送丧的行列，许多群众也自动走进了送葬的队伍。

美国驻华公使芮恩施在唁电中称：

"吾人对詹博士的噩耗感到无比惊愕，詹博士对建设中国铁路卓越的贡献和高超的人格，全体美国人都给予最高的敬仰。"

美国斯梯文斯在唁电中也说："本人与詹博士见面前，久仰其名，在协约国监督委员会短暂共事期间，他对事件的敏捷分析及周详考虑，给予本人以极深的印象。他虽然沉默坚毅，却是果断的。我们都非常尊重他的意见。大家都看到，他对铁路工程有高深的造诣，他的判断是非常有说服力的。尤其重要的是，他是一位君子，与他共事，深感愉快。他的去世，是吾等同仁的损失，更是中国的一大损失。"

1921年，詹天佑的儿子詹文琮将他父亲的灵柩运到北京，葬于西郊海甸小南庄。

为了纪念詹天佑对祖国铁路建设事业的卓越贡献，在他逝世后的两个月，中华工程师学会的邝孙谋，京绥铁路同人会的丁士源等，呈准当时的北洋政府，在八达岭树立詹天佑铜像。1922年4月23日，也就是在詹天佑逝世3周年的前一天，中华工程师学会与京绥铁路职工在八达岭下青龙桥车站站台西端举行詹天佑铜像揭幕典礼。铜像由日本东京美术学校承造，高2.4米，台址高近4米，碑文高4.11米，宽近1米，外有方亭护盖。参加典礼的各界人士不下千人，碑文是北洋政府总统徐世昌颁给的，其中有这样几句话：

"海通以来，我国选派人士游学东西洋，四十余年，项背相望，以迄今日……求其功绩昭著，坚苦卓绝，与海内外同声赞美，盖未有若詹君者也。"

新中国成立以后，为了纪念这位杰出的爱国的铁路工程师，中华人民共和国铁道部按照传统的前堂后墓的习惯和建筑形式，特在青龙桥火车站建造了詹天佑的新墓，1982年5月举行了庄严隆重的迁墓仪式。由原来的北京西郊海甸，迁到八达岭青龙桥。仪式由铁道部北京铁路局和中国铁道学会主持，那一天，除了詹天佑的亲属外，铁道部长、北京市长及中国科学院负责人都专程前往南口青龙桥参加了这一隆重的仪式。这座新墓背靠雄伟的长城，面对詹天佑自己设计修建的八达岭隧道和"人"字形铁路。它和矗立在青龙桥车站站台上的詹天佑像一样，是中国人民的光荣和骄傲，也是中国所有爱国科学家的光荣和骄傲！

詹天佑铜像的面貌是那么严肃、沉静，充分表现出他那刚毅和自信的个性。詹天佑在我国铁路史上写下了光辉的一页，他将永远受到人民的崇敬。他为我国铁路事业贡献了毕生的精力。他先后参加过关内外、津芦、西陵支线、洛潼、沪宁、道清、萍醴、津浦、潮汕、京张、张绥、粤汉、川汉、中东等铁路的筹建，无不成绩斐然。其中京张铁路工程，不仅被当时外国工程师视为奇迹，就是现在也还是世界上著名的铁路工程之一。他的足迹遍及大江南北、长城内外。他的名字是和中国铁路事业分不开的。他的一生是光辉的一生，功在国家，名昭中外，不愧为中国近百年来工程界的楷模。

世界五千年科技故事丛书